Ethereum Sphere
以太王国
区块链开启薄组织时代

刘泽琦 孙健 著

企业管理出版社
ENTERPRISE MANAGEMENT PUBLISHING HOUSE

图书在版编目（CIP）数据

以太王国：区块链开启薄组织时代 / 刘泽琦，孙健著.—北京：企业管理出版社，2020.3

ISBN 978-7-5164-2099-7

Ⅰ.①以… Ⅱ.①刘… ②孙… Ⅲ.①电子商务—支付方式—研究 Ⅳ.①F713.361.3

中国版本图书馆CIP数据核字（2019）第299533号

书　　名	以太王国：区块链开启薄组织时代
作　　者	刘泽琦　孙　健
责任编辑	陈　静
书　　号	ISBN 978-7-5164-2099-7
出版发行	企业管理出版社
地　　址	北京市海淀区紫竹院南路17号　邮编：100048
网　　址	www.emph.cn
电　　话	编辑部（010）68701661　发行部（010）68701816
电子信箱	78982468@qq.com
印　　刷	三河市荣展印务有限公司
经　　销	新华书店
规　　格	145毫米×210毫米　32开本　8.25印张　148千字
版　　次	2020年3月第1版　2020年3月第1次印刷
定　　价	58.00元

版权所有　翻印必究　·　印装有误　负责调换

推荐序 1

以太坊创始人　维塔利克·布特林

以太坊不仅仅是一个构建全球去中心化应用的区块链技术平台，更是一个去中心化的世界社区，许多独立的社区成员和来自许多国家的团队在为一个共同的目标而工作。正因为如此，他们很少进行集中式协调管理。《以太王国：区块链开启薄组织时代》这本书对以太坊及生态系统中诞生的新型协作关系进行了深度的分析和阐述。

当我第一次开始设计以太坊时，我的想法非常简单：创立一个内容可编程的平台，并允许在其上构建各种基于区块链的应用程序。最初，我的想法是从金融合约开始的，因为我在以太坊之前主要从事的是区块链应用项目，但很快扩展到域名系统、去中心化存储系统，以及进一步的终极理想：分布式自治组织（DAOs）。但当时我并没有意识到，以太坊平台和社区会逐渐成为一个大型且重要的全球试验场，并在去中心化的治理上真正发挥作用。

站在比特币的肩膀上，我学习并借鉴了经验，相对于比特币的单一客户端网络（比特币核心，即原来的比特币钱包客户端、中本聪客户端），以太坊从一开始就决定追求多客户端网络，所有节点可以运行平台上的任意软件包来实现相同的协议。这

I

样做的目的是确保没有一个单独的开发团队能够轻松地"捕获"网络的治理资源,并且需要在不同的团队之间达成共识来实现更改。以太坊的技术研究团队和工程开发团队散布在世界各个地方:我们在美国、加拿大、英国、荷兰、德国、瑞士、罗马尼亚和中国都有开发人员,我有可能遗漏了一些国家。这导致了一种结果的产生,那就是大型团队被分割成更小的团队,每个团队都拥有高度的自治权。此外,约瑟夫·卢宾很快离开了以太坊基金会,创办了 ConsenSys 公司,该公司随后为以太坊开发了许多应用程序,并以多种方式参与了生态系统的建设。就雇佣的人数而言,ConsenSys 很快就超过以太坊基金会本身。

在接下来的几年里,这种去中心化的结构发挥了很多作用。它为社区中的许多人提供了进入以太坊的通道,他们在这里做着每个人最擅长的事情,比如编写代码、做研究、构建应用程序或其他事情,众人拾柴火焰高,这一切又反过来帮助以太坊生态系统变得更好。事实上,以太坊的大部分工作都是由以太坊基金会以外的人完成的,如果用传统的"创业"方式将这么多人聚集在一起,将会耗费数亿美元的风投资金——即使这样,人们也不会有这样的动力。我们能看到,硅谷会经常涌现出许多新的区块链项目,他们往往采取一种更加企业化和金钱驱动的方式来创建区块链,他们会认为这种"务实"的态度将让它们凭借"顶尖人才"和更高的效率超越以太坊。然而,这样的项目似乎一再被推迟或失败,并且社区的规模难以发展起来。

任何事物有好的一面，也会有不好的一面。过去的几年中，以太坊面临了诸多挑战。书中提到的"TheDAO事件"，就是黑客在运行于以太坊上的主要应用程序中发现一个漏洞并发起了攻击，导致数百万美元被盗，在当时这成为以太坊社区需要共同面对的一个关键时刻：是选择修改一次以太坊协议，以扭转黑客攻击的影响，挽救一个应用程序中的资金；还是拒绝做任何修改，以显示对协议中立性的坚定承诺？第一种选择赢得了胜利，社区内出现了大量争论，有些人离开去创建以太坊经典（ETC）。

不久之后，焦点转向对以太坊进行重大升级，称为以太坊2.0，它将用更高效的共识机制PoS（Proof of Stake，权益证明）取代之前的PoW（Proof of Work，工作量证明），同时增加链的可扩展性。未来，还有许多细节有待解决：如何过渡？如何在简单和高效之间权衡？网络中不同的节点将形成什么角色？如何为发展分配资金？等等。

以太坊的生态系统想要建立一个全新的范式并非易事，但是以太坊社区已经准备好迎接挑战，以太坊所开发的技术可能很快会为区块链空间之外的世界提供经验。

2020年1月

Ethereum is not just a technological platform for building global decentralized applications; it is also a global decentralized community, with many independent community members and teams from many countries working together toward a common goal with little centralized coordination. This book goes into depth on the human side of the Ethereum ecosystem.

When I first started working on Ethereum, what I had in mind was something quite simple: to build a platform that contains a programming language, allowing all kinds of blockchain-based applications to be built on top. Initially, my thinking started from financial contracts, as this was the key application of the blockchain projects I was working on before Ethereum, but it soon expanded to domain name systems, decentralized storage systems, and that further ultimate ideal: decentralied autonomous organizations (DAOs). But what I did not realize at the time was how the Ethereum platform and community would itself prove to be the test-bed for a large and significant global experiment in making decentralized governance actually work.

Learning from experiences in Bitcoin and the challenges that came out of the Bitcoin network depending on a single dominant client (Bitcoin Core), one of the earliest decisions in Ethereum was to aim for a multi-client network, where nodes could run one of several software packages designed to implement the same protocol. The goal of this was to ensure that no single development team could easily "capture" the governance of the network, and that consensus among a diverse group would be required to implement changes. The research and development teams were also decentralized out of necessity: we had developers in the United States, Canada, UK, Netherlands, Germany, Switzerland, Romania and China, and I am sure there are countries that I have missed. This led to a structure where the large team was split into smaller teams, and each team had a high degree of autonomy. Additionally, Joseph Lubin soon left the Ethereum Foundation and started ConsenSys, a company that would then develop many applications for Ethereum, and participate in many ways in the ecosystem's evolution. In terms of number of people hired, ConsenSys would soon outgrow even the Ethereum Foundation itself.

Over the next few years, this decentralized structure would prove to have many benefits. It gave space for many people in the community to come in and help make the Ethereum ecosystem better, whether by writing code, researching, building applications, writing or whatever else each person is best at. Most of the work done on Ethereum is done by people outside of the Ethereum Foundation, and bringing so many people together in a traditional "startup" fashion would have cost hundreds of millions of dollars in VC funding - and even then, people would not have been as motivated. Many newer blockchain projects, often launched in Silicon Valley, often take a much more corporate and money-driven approach to creating a blockchain, thinking that this "pragmatic" attitude will let them overtake Ethereum with "top talent" and greater efficiencies. However, such projects seem to repeatedly get delayed or fail, and have difficulties growing beyond a small community.

But at the same time, there are also challenges. The DAO hack, where an attacker discovered a bug in a major application running on Ethereum that allowed millions of dollars to be stolen, would prove to be the Ethereum community's first major test. Should the Ethereum protocol be modified one time to reverse the effects of the hack, rescuing the funds inside one application, or should we refuse to make any modifications, showing a strong commitment to the protocol's neutrality? The first option won out, but not before considerable arguments within the community, some of whom would leave to create Ethereum Classic (ETC).

Soon after, focus switched to building out a major upgrade to Ethereum, called Ethereum 2.0, which would replace Ethereum's proof of work mining algorithm with a much more efficient system called "proof of stake", and simultaneously increase the chain's scalability. Many details had to be worked out: How would the transition work? How to trade off between simplicity and efficiency? What roles would different nodes in the network have? How would development be funded?

Building a completely new paradigm for the development of an ecosystem is not an easy challenge. But the Ethereum community is already rising up to the challenge, and the techniques that it has developed may soon have lessons for the world outside the blockchain space as well.

Vitalik Buterin （Ethereum Founder）

推荐序 2

CSDN 创始人、董事长　蒋涛

过去几年,区块链、比特币、加密货币、以太坊、发币炒币起起落落,坊间也出版了不少关于区块链的书籍,有介绍基本知识的,有讲解专业技术的,也有分析商业前景应用的。随着区块链作为核心技术得到国家认可,相信会有大批新书上市。

本书是一本难得的好书,它不讲解区块链的技术,也不会帮你分析炒币策略,但是看完本书,你才会理解为什么区块链技术会成为国家核心技术,未来十年人类组织和协作方式将会发生怎样的巨变。作者对以太坊世界的发展做了深入的分析,如果说比特币是区块链和加密货币世界的缔造者,那么以太坊则是区块链世界的建立者。

我在中国专业 IT 社区 CSDN 曾提出"三倍速"定律,Gartner 报告分析的各项创新前沿技术,什么时候能真正落地,可以根据 CSDN 开发者社区的内容活跃度来测量。如果一年内发表关于该项技术文章的数量暴涨三倍,说明这项技术有大量的开发者正在研究、学习和使用。用这个指标来看,2013 年的人工智能是关键,关键在于深度学习的突破。2016 年的区块链发展是关键,以太坊技术带来了去中心化应用的爆发。

2009 年,中本聪用区块链开启了去中心化的新世界。区块链世界是个魔幻的世界，第一次用密码学创造了加密货币。马克思在《资本论》中说过："有50%的利润，资本就会铤而走险；为了100%的利润，资本就敢践踏一切人间法律；有300%的利润，资本就敢犯任何罪行，甚至冒绞首的危险。"加密货币市场的起落远超人们想象，贪婪与恐惧的故事每天都在发生。

但是区块链世界的美丽在于其开创了未来，1997年Eric S. Raymond出版了软件技术领域的著名书籍《大教堂与集市》，把开放的开源协作创造软件的开发方式比作集市，把封闭的商业公司开发方式比作大教堂。不到10年，开源软件Linux、Apache、MySQL、PHP就成为互联网发展的核心技术，最终最大的商业软件公司微软也积极拥抱了开源，开源社区在软件协作领域取得了巨大成功。

以太坊创始人Vitalik在2013年发布以太坊白皮书，并写了《创建去中心化自治公司》一文。新一代去中心化协同组织将取代公司成为区块链世界的主导者，而且相比开源社区的协同有本质上的提升，引入了金融激励，这个提升产生了巨大的效能。

本书的作者收集了大量以太坊的资料，展示短短五年以太坊如何发展成为全球第二大加密货币经济体，90%的加密货币都依托以太坊而发展，这其中的秘密正是在于以太坊社区和作者创造的"薄组织"内涵之中。

未来10年，去中心化的协作组织将无所不在，不仅在软件开发领域，甚至在其他专业人士协同的地方都将出现。也许超过一半的专业人士将不再属于一家公司,而属于多个去中心化协作组织。也许你很难想象,但是读完这本书,你就会看到未来已来,以太坊就是这样的新型协作体。

2019 年 10 月于北京

自序1

我是从2018年4月开始接触区块链的,起初是给一些区块链项目做人才招聘和人力资源咨询方面的工作,随后开始翻看以太坊和其他项目的一些白皮书。在这个过程中,我发现这是一个既混沌无序又深刻有趣的世界,混沌是因为它说不清道不明,以至于没有一个可以达成共识的、清晰的定义;无序是因为它不断以娱乐的方式上演各种剧情,演绎着娱乐至死的精神;有趣是因为它就像一趟翻转得令人窒息的过山车,挑动着人们一颗颗躁动的心,或许因为财富,或许因为自由,或许因为代码崇拜,或许只是因为凑热闹;深刻是因为它怀揣着改变世界的梦想,在技术组合、经济模型、组织构建上让我们看到了另一个世界的端倪,它也许不是颠覆性的,但当有一天我们无感知的时候,它将彻底地融入我们的现实世界。

以太坊项目是Vitalik Buterin(维塔利克·布特林)在2013年年末提出的,最早的形态就是一份名为《A Next-Generation Smart Contract and Decentralized Application Platform》(《下一代智能合约和去中心化应用平台》)的白皮书,它在社区里俘获了一小撮"极客"的心。2014年,以太坊进行了为期42天的以太币预售,募集了3万多个比特币,根据当时折算价相当于

1800多万美元，轰动一时。2017年，以太坊受到市场的青睐，开始吸引大量开发者、投资者、爱好者进入。从此，开创智能合约先河的以太坊，作为一个开源的分布式计算平台和操作系统，快速拥有了全球最繁荣的开发者生态和规模最大的社区群体，并且不断在技术、经济模型、组织结构多个层面同时发生着变革。

经过一段时间的浸泡，我越发想去系统地研究以太坊，因为它与我过去在通信和互联网领域里累积的人力资源管理认识产生了冲撞，尤其是以太坊的组织形态，超越了现行的公司模式，更像一个动态的开放系统，组织结构的一致性是松散的，人们的注意力也从结构转向了过程，在具体的工作输入输出上强调的都是组织行为而非组织本身，层级少，头衔也不起作用了，人们自主自发地选择自己热爱、擅长的事情，项目之间一边竞争一边合作，信息以透明的方式公开，整个组织的边界像一张薄透的滤网快速地开展内部和外部的资源交换……

这一切是怎么发生的？又将如何走下去？我想把以太坊视为区块链世界里的第一个观察对象，记录下来。于是，我约了十多年前的老同事，JLAB创始人孙健，他是较早一批从传统金融扎进数字货币领域的投资人，聊着聊着，我们达成了联合写书的共识。我们将从人与组织的角度去观察以太坊这个新生事物，并用看得懂的文字描述出来。

之所以给书起名叫《以太王国》，一方面是因为Ethereum

的中文翻译是以太坊，另一方面是我对"以太"这个词产生了好奇，查阅了资料，发现了更有趣的事情。以太，是科学史上一个神秘的假想物质，似乎覆盖整个宇宙，像光一样，坚硬又稀薄，似乎可以被一切物质穿透，并且是不受任何阻力的穿透，就像风穿过一片小树林一样。Vitalik曾说，选择用以太来命名他的创意与构想，正是被这个科技寓意所吸引。随之而来的几年，以太坊的出世、发展越来越跟以太这种物质相呼应，开放、透明、薄，就像一种巧合。开放，代表对传统管理层级、权力的超越，呈现出一种去中心化的"看似无序"的状态，带来更深的参与和连接；透明，代表信息在组织内、组织和利益相关者之间的自由流动，呈现出一种浮现问题、坦诚沟通的状态，带来更高的信任和反馈；薄，代表了组织边界的形态，呈现出广泛交互和相互赋能的状态，带来更多的协作和创新。于是，我从以太坊为代表的一类组织中抽象出这些共性特征，并提出一个定义——薄组织，一本叫作《以太王国：区块链开启薄组织时代》的书就这样诞生了。

区块链很新，不过10年，以太坊更新，才满5岁，一个新事物的知识和信息往往散落在各个角落。我能够写这本书，要感谢所有给予帮助的朋友们，特别感谢Nervos的吕国宁、ConsenSys的Pelli Wang、Kyber的Tiger Kim和Lucas、Status的江南西道和Nina接受我的采访，也要感谢开源的以太坊平台以及活跃在网络中的知识贡献者们，是他们帮助我看到、听到、感受到一个新兴事物的多样特征。

区块链不仅仅是技术，还包含组织、文化、语言等多方面的内容，会对我们的工作、生活产生深远的影响，值得被更多的人了解。

刘泽琦

2019 年 9 月于北京

自序2

我的本职工作是投资人,从2017年开始投资区块链项目,现在也算是这个行业的资深人士。区块链时代的到来,为我们打开了一扇思考行业发展方向的大门,在互联网时代看似已成定局的流程和环节都有可能会再次发生转变。

2018年11月,我去波兰参加了以太坊的第四届DevCon(以太坊开发者大会)。这次活动很有意思,基本上全球各地的开发者、头部项目、大V、投资机构都来到了现场。也是这次活动,让我和全球的以太坊粉丝有了近距离的接触。以太坊社区的活动都给我留下了非常深刻的印象,参会的人基本上都有一个共识:在区块链领域,项目生存的基础就是社群。以太坊可以说是拥有区块链领域最活跃、最有忠诚度的社群,没有之一。换句话说,如果以太坊的项目都推动不下去,那其他项目也就更没有存在的希望了。

恰逢一次和泽琦闲聊,她说对以太坊很感兴趣,并且做了大量研究和准备,想写一本关于以太坊的书,让我参与进来,和她一起写这本书,我欣然答应了。市面上写比特币和区块链技术的书大量存在,但是很少有人在写关于以太坊的书。尽管以太坊是位列第二大市值的项目,但是市值上和"老大"(比特币）还是有超过 10 倍的差距。写书的时候，以太坊的市值也就 200 亿美元。给一个 200 亿美元的项目写一本书，从效果上来说，肯定也有差距。比特币可能普通老百姓看新闻都听说过，但是听说过比特币的人群中，能有十分之一知道以太坊的就不错了。所以，我们有心理准备，这本书，市场可能不那么买单，但这不是我们关注的要点，我们更看重以太坊动态发展所呈现出来的各种可能模型，这个对现在和未来的企业是有借鉴价值的。

很多伟大的概念可以在"社群"基础上发生，甚至未来可能就鲜有"公司"了，没有一个核心实际控制人，没有董事长、总经理，事情都通过"社群"来发起和进行。所以，如果比特币之外的区块链的世界，还有一个值得纪念的事情，我想以太坊就是。

孙健

2019 年 9 月于北京

前　言

组成宇宙的是故事。

无论是人、是物，还是事，直到他们被链接，才得以"存在"。

先讲两个 90 后少年的故事。

故事一：Andrey 的硬核年

Andrey，1992 年出生的乌克兰小伙子，在成为一名独立开发者并且四处旅行之前，他在一家叫 Railsware 的公司做产品经理。这家公司允许员工远程办公，而 Andrey 一直都想学习怎么互联网冲浪，于是 2016 年他干脆辞掉乌克兰的工作，搬到巴厘岛当起"数字游民"。

Andrey 在自己的博客上写道："希望可以靠自己开发的软件每月至少赚到 1000 美金。"因为生活在巴厘岛，千元的生活费足以支付房租、摩托车、一日三餐等日常开销，还会过得很舒服。经过 2 个月的思想斗争，他决定辞职创业了，并且在博客上定期记录他实现梦想的步骤和状态。他公开了所有软件收入的明细，到目前为止，Andrey 在 Product Hunt 网站上发布了 9 款软件，其中 3 款拿了 Product Hunt 日榜第一和 Hacker News 日榜第一；在第四届金猫奖上，Andrey 的产品从 1.2 万个产品中脱颖而出，他成为年度最佳创造者。Product Hunt 是一个神奇的网站。它可以让你在一天之内免费向成千上万的人分享你的想法，它帮助许多独立开发者找到了他们的第一个客户并创造了他们的第一笔收入。

要知道在开始这些事之前，Andrey 一行代码也不会写。乌克兰虽然位处东欧，但人均 GDP 不到 2700 美金（2017 年的统计数据），不到中国的 1/3，当地的互联网基础设施可想而知。而 Andrey 当时的状况是：不会编程、害怕收入不稳定、担心未知事情发生。这些一开始摆在他面前的问题看起来很头疼，但并不是没有解决办法。从一个不会编程的"小白"，到 When2Surf（一个帮助冲浪爱好者获取海浪预报的网站）上线，Andrey 只用了 2 个月的时间，成本一共 11 美金（5 美金买服务器，6 美金买域名）。

Andrey 是如何做到的？他在 freecodecamp 和 codewars 上学所有的编程知识，主要使用的编程语言是 Javascript、Swift、PHP，用 Sketch 做设计，使用免费的 Let's encrypt 申请 SSL 证书。Andrey 发布产品时没有花一分钱广告费，每个产品他都在 Medium 上写文章，记录从想法诞生到产品发布的全过程，并且活跃在各个渠道找其他人体验，收集反馈建议，然后迅速迭代。当产品发布在 Product Hunt 和 Hacker News 后，因为这两个社区用户画像的高度重合性，比如重度互联网用户、Geek（极客）开发者比例高、付费意愿强等因素，Andrey 的产品经常嗖地一下攀升到榜首。

同时，他还积极健身，保持体格强健和精力充沛，身体锻炼计划通过 100 Push-Up Challenge（100 次俯卧撑挑战的健身软件）和 Work-Out（制订锻炼计划的软件）教程来达到目的。他把自己开始创业的 2018 年称为"硬核年（Hardcore Year）"，这一年他的目的只有一个：坚持创造，尽一切可能地让产品养活自己。

故事二：Rajan 邂逅以太坊

Rajan，肯尼亚的一位 90 后，出生并成长于金融业。这并不是说他的家族从事金融业，而是他从小就被全球资本市场的魅力所吸引。从 12 岁开始，当他在父亲的屠宰场和小酒馆工作时，他尽可能地节省每一分钱，然后把这些钱投入股票市场，并开始管理自己的投资组合。他依然记得排队等待 Safaricom（肯尼亚移动网络运营商）IPO 时候的有趣场景——人们排着非常长的队伍，评头论足地说，Y 一代（Generation Y，通常指 1980—1995 年期间出生的人，也称"千禧一代"）不知道熊市是啥样。2008 年，那一年他 14 岁，他看到了国际金融危机期间他的投资组合是 -60%。

上学后，他自然而然地选择了金融专业，并且参加了 CFA 考试，顺利拿到了在 CIBC（加拿大帝国商业银行）、RBC Dominion Securities（加拿大皇家银行）和 Sentry Investments（美国投资公司）工作的机会。他说，这是一段很棒的经历，有幸和伟大的团队一起工作，同时这段经历让他对金融体系的内部运作和缺陷有了深刻的认识。他一直热爱技术，很小的时候就经常编写一些 C++ 游戏，后来越来越多地参与 Python 开发以及与金融和前沿市场相关的项目。

当他看到以太坊为全世界提供的解决方案是那么广泛和灵活时，当看到价值转移系统与支撑全球计算机的智能合约相结合时，科技和金融的演变俘获了他的心。从合作模式，到资本市场的基础设施建设，再到公司治理的应用程序，一切都让他为之倾倒。

"我很幸运能在这个时候出生。以太坊将我的思维和过程提升到一个真正的全球化的基础上，当每个人都在同一个系统内时，相互交流变得容易和流畅。将我对权力下放和开放金融的热爱，与一个服务更广泛公众的系统结合起来，绝对是最佳选择。"

"像 0x 这样的第二层基础设施，以及它为所有资产创造的对等价值机会，是我每天醒来都会兴奋不已的事情。"

"当你能现场给一群社会服务不足的人们一个钱包，并且这个钱包与工作、报酬挂钩，这就是我们开始平等的方式。这是一个由代码启动程序带来的结果，使用如 Bounties Network（基于区块链的自由职业者应用）和 Metamask（数字钱包）这样的应用程序来激发灵感。"

以太坊在 Rajan 的生命中开辟了一条新的、不可逆转的道路。关于这个项目的一切，未来的实现和改进，无论是 Casper（共识机制)、Sharding（分片）、Plasma（子母链），还是改善网络的一个小变化，都成为吸引他的关键核心。编写经济激励模型，将现实生活中的应用程序应用到现实企业中，这是他未来的目标。

"感谢以太坊，我希望在我职业生涯的剩余时间里，致力于在以太坊上开发应用程序和基础设施，这个网络能够并且正在引领一个前所未有的全球金融交流水平。"

英国科幻作家、《银河系漫游指南》的作者道格拉斯·亚当斯写过一个"科技三定律"："任何在我出生时已经有的科技，都是稀松平常的世界本来秩序的一部分；任何在我 5～15 岁之间诞生的科技，都是将会改变世界的革命性产物；任何在我 35 岁之后诞生的科技，都是违反自然规律，要遭天谴的。"

无论身处哪个时代，不同年龄段的人对新科技以及其带来的新趋势持有不同的态度。Google 的首席执行官 Pichai 曾说过一件事，他 11 岁的儿子正在家中挖掘以太坊，当 Pichai 错误地将比特币称为以太坊时，这位 11 岁的"老人"纠正了他，并透露他正在挖掘它。当以太坊、比特币为代表的区块链正在慢慢变成 90 后、00 后眼里一件融入生活且稀松平常的事情时，科技会以怎样的新姿势打破旧模式、建立新秩序呢？

这几位 90 后、00 后都找到了自己热爱的生活和工作方式，他们的选择也许代表了未来的发展趋势。未来不可预测，但我们想知道未来的模样，于是选择走进一个"小荷才露尖尖角"

的初生世界，它既饱含着信仰和热忱，又充满了噪声和情绪，有着决断和分歧，有着妥协和运筹，更洋溢着希望和机遇；在里面的人们既是参与者，又是设计者，还是监督者。一个魔幻的世界，没错，就是区块链的世界，它像一个横跨在现实和虚拟之间的在建大桥，崭新却又快速破旧，一边以技术革新的姿态展露人前，一边怀揣着理想向前攀爬。

一个有趣的年轻人，带着他的"极客"精神和远大理想，受比特币启发，开创了区块链世界里的一个新空间——以太坊，带来了一份集众人热血和勇气的智能合约。它允许全世界的人们建立一个又一个社区，在以太坊的开源协议之上就一个具体或者特定的问题一起工作，鼓励人们扮演最适合他们能力的角色并去做自己感兴趣的任务。

如果说计算机程序书写的协议是一种标准语言，那么社区就是任何语言获得意义的源泉。以太坊不是以营利性公司的形式存在，而是"非营利性基金会 + 社区"这种混合模式，几乎与传统公司的组织结构格格不入，过去的模型都无法套用，但事实上，这种结构就是在"混乱"的秩序中发挥着作用。

作为一个以价值观为导向的社区，以太坊尊重他们认为正确的东西，比如信任"混乱"，让组织按照原则发展，不试图通过建立权力等级结构来取得快速发展；又比如过程的透明度、实验的开放性，等等。所以，对于很多进入这个世界的人来说，这可能是一个相当新的领域，要想改变我们固有的思维模式，并开始在公司和社区之间进行思考是很困难的。

当你决定继续阅读本书的时候，请放下你的经验主义，暂停你的偏见，舒展紧缩的眉头，带上你的好奇心。我知道你可能会狐疑满腹，请把所有问题留在合上书本后的独立思考空间，因为这本书只是一个楔子，试图成为森林里的一束微光，为你的发现和创造提供一点小小的指引。

我们有幸生活在这个奇妙的时代，有幸见证这个伟大、不可磨灭的时代。

Welcome to Ethererum.

刘泽琦

2019 年 9 月

目 录

第 1 章 什么是区块链 / 1
1.1 奇怪的事物:介于开源项目、公司、国家、语言之间 / 7
  1.1.1 开放的源码和组织边界 / 7
  1.1.2 像公司,但个人拥有选择权 / 13
  1.1.3 像国家,但可以自由地穿梭于多方之间 / 16
  1.1.4 像语言,逻辑中心化,使用分散化 / 18
1.2 神秘的发起人:一群密码朋克 / 20
1.3 致敬科学家们的最小单位 / 23
1.4 拜占庭将军问题 / 29
1.5 开放式金融时代的来临 / 34
  1.5.1 重构金融与经济世界 / 34
  1.5.2 区块链的投资逻辑 / 39

第 2 章 以太坊的诞生 / 45
2.1 天才少年成长记 / 46
2.2 划向理想国的白皮书 / 48
2.3 组建跨国的初创团队 / 50
2.4 以太坊起航 / 54
2.5 以太坊的中国缘 / 60

第 3 章　以太坊非正式组织结构：非营利性基金会 + 社区 / 63

3.1　以太坊的组织结构：去中心化的搭建 / 65

3.2　运营机制：透明化治理 / 70

3.3　运营机制：开放式吸引 / 73

3.4　以价值观创造共同语言：从"HODL"到"BUIDL" / 76

第 4 章　以太坊社区的自发性角色 / 81

4.1　社区里的参与者们：建造者、投资者、用户 / 83

4.2　社区网络连接点：以太坊基金会（EF）与以太坊社区基金（ECF）/ 88

4.3　社区里的耀眼明星：核心开发者 / 95

4.4　分歧解决终端机：以太坊魔术师 / 97

4.5　项目管理者：以太坊猫牧人 / 101

第 5 章　以太坊大规模协作的关键：自由共享 / 107

5.1　以太坊开发者大会（Devcon）：区块链世界的标杆会议 / 110

5.2　以太坊社区发展峰会（EDCON）/ 114

5.3　多元化的项目聚会（Meetup）/ 115

5.4　EthHub：互助式知识学习基地 / 120

5.5　以太坊社区大会 EthCC / 121

5.6　企业以太坊联盟 EEA / 122

第 6 章　以太坊生态系统里的协同伙伴 / 125

6.1 "公司—社区"模式：从以太坊社区走出来的 Kyber / 126

 6.1.1　社区搭建四部曲 / 130

 6.1.2　与以太坊集成，变身功能模块 / 134

6.2 "公司—社区"模式：试验田里的 Status / 141

 6.2.1　社区里的三类角色：贡献者、创造者、策展人 / 146

 6.2.2　原则与工具相辅，构建社区的价值观 / 148

 6.2.3　以核心贡献者为节点，创建蜂群空间 / 150

 6.2.4　人力资源管理新方式："贡献者/社区"挑战"员工/雇主" / 152

6.3 "集团公司"模式的 ConsenSys / 155

 6.3.1　独特的定位，反哺以太坊：提供开发工具，开拓教育、企业场景 / 157

 6.3.2　基于信任的大规模权力下放 / 160

 6.3.3　去微观化的管理：每个人都像成年人一样被对待 / 165

 6.3.4　任性的项目孵化器 / 171

第 7 章　一场举世瞩目的以太坊分叉实验 / 175

7.1　TheDAO 的始末 / 176

7.2　失败之后的安全意识崛起 / 187

7.3　社区对区块链行使权力 / 190
7.4　分布式自治组织与传统公司的对比 / 192

第 8 章　以太坊式薄组织模型 / 199
8.1　薄组织的定义及四个维度 / 201
8.2　薄组织引领的未来工作趋势 / 204
  8.2.1　更加自由的协作网络 / 205
  8.2.2　释放专业人才的创新性 / 207
  8.2.3　基于一致性动机的自我效能放大 / 212
  8.2.4　奖金重塑激励 / 216
  8.2.5　人才全球化与"工作"重新定义 / 226

后记 / 231

第1章

什么是区块链

以太王国：
区块链开启薄组织时代

我的热衷美剧的朋友 Echo，曾经跟我细说比特币多次出现在剧情里。在她钟爱的美剧《傲骨贤妻》第三季中，有美国财政部寻找比特币创始人的片段。女主角艾丽西亚接到这个案子后，因为对比特币完全不熟悉，就去请教上高中的儿子，儿子对她好好地科普了一番。在剧中，当时 3 美元兑换一个比特币，那可是 2011 年。在剧中，美国财政部和法官最后也没有找到比特币的创始人，但是法官裁定比特币是货币。

美剧《硅谷》讲述 5 位程序员和他们位于美国加州硅谷的创业公司的故事，从第四季（2017 年播出）到第五季（2018 年播出）一步一步引入了去中心化的区块链系统和加密货币的概念。男主角理查德在第四季中提出了一个全新的想法，这个想法近乎是革命性的，通过手机网络建立了一个去中心化的、点对点的互联网。《硅谷》第五季的情节正是围绕着理查德的去中心化的新互联网而展开。

2019 年年初，美剧《国务卿女士》第五季的第 13 集讲述了加密货币挖矿的故事，故事是这样的：女国务卿家的网络速度突然变得非常慢，给网络提供商打电话咨询后，得知有很多设备接入了家里的无线网络。女国务卿的先生也发现家门口有一堆用于装显卡、硬盘、CPU 的空纸箱子。原来国务卿的儿子杰森买了设备在家里挖矿。杰森说，他一个月挖矿赚了 3000 美元，强烈要求在家挖矿赚钱，这样可以经济独立，更重要的是在全

第1章
什么是区块链

球局势不稳定的时候对抗风险。

"人们可能都听说过数字货币,但是他们都不明白数字货币到底是怎么运作的。他们看到的仅仅是标题而已。"比特币专家布莱恩·斯托克勒特(Brian Stoeckert)说,"这也是能让他们跟随故事线发展并用独特视角看待故事的一种方式。"

在技术激活世界的今天,任何一次商机的到来,都必将经历一个过程:"看不见""看不起""看不懂""来不及";任何一次财富的缔造必将经历一个过程:"先知先觉经营者;后知后觉跟随者;不知不觉消费者",中国阿里巴巴掌门人马云如是说。

第一阶段:你说的这是什么东西,没听过,好像跟我也没有什么关系吧。拜拜!

第二阶段:这件事和另一件事差不多,似乎没有什么新奇的,还搞得这么玄乎,肯定是骗人的,如果真有这么厉害,世界早就被颠覆了。所以,肯定是骗子们导演的一场骗局,大概是想趁机捞一把。我是聪明人,是不会参与的。

第三阶段:这个东西有点意思,说不定会发生什么了不起的事情呢,我不能袖手旁观,可是好复杂,看不明白,东问西打听,跟自己斗争半天,在大门口眺望徘徊,把新闻熬成了历史。

第四个阶段:类似的东西虽有,根本原因却不同。我想明白了,被深深地吸引,全身投入。如我所料,这将是一项改变

以太王国：
　　区块链开启薄组织时代

世界的伟大技术！

几乎所有人都会愿意去相信，只有爆发一次新的技术革命，才能拯救进入停滞周期的世界经济，但几乎没有人能够看清，未来的技术进步会出现在哪里。技术与科学不同，自有其演进的路径和方式。历史长河中有相当长的一段时间，没有科学，但有技术。被欧洲学者称为"技术的百科全书"的《天工开物》，记载了各种精巧的工艺，其中有一幅插画，描绘的是农夫从田地里捡拾或通过淘洗获得铁矿石，作者宋应星以此认为铁矿石是长在土里的，可以像农产品那样被种出来，刨出来后下场雨，还会再长出来。在某种程度上，的确如此，只是铁矿石"长"出来的时间比玉米长出来要长得多。

技术无处不在，技术改变生活，技术推动经济发展，技术划分历史时代。但或许，从来就没有什么新技术。阿瑟说，技术就像生物一样，也有基因、能突变、不断进化。所有的技术，都脱胎于之前的技术，就像所有现存的生物，都能追根溯源找到原始的祖先一样。并且，如果我们像解剖生物一样去解剖技术，就会发现所有的技术都是一种组合。无论多么复杂，都可以拆成若干模块，模块中又有零件，这样不断深挖拆解下去，就会发现，复杂精妙的技术最终都是平凡的零部件的组合。

为什么技术是模块化的组合方式？诺贝尔经济学奖获得者

第1章
什么是区块链

Herbert A. Simon(赫伯特·A.·西蒙)曾经讲过一个制表匠的故事。假设每块手表都有1000个零件,第一个制表匠,一个人按照一个零件一个零件的方式安装,若是出现一个小错,或者是工作被打断,他就得从头再来;第二个制表匠,把手表分成10个母模块,每个母模块又有10个子模块,每个子模块又有10个孙模块,那么,即使他装错了,或是工作被打断,损失的只是工作的一小部分。更重要的是,模块化的技术更适合进一步的创新,我们可以尝试把一个模块更新,或是对不同的模块进行新的组合。

我们需要承认,大部分技术工作都是"标准动作的日常工程",即按照已有的技术模板,不断"复刻"出解决各种问题的新版本。人们日复一日地依葫芦画瓢,最多在应用不同问题的时候做一些小小的改动。但是,不要小看这些微小的变革,聚沙成塔,这些不起眼的创新最后能导致巨大的变化。正如牛顿所说:顿悟来自连续不断的思考。

因此,技术突破并非来自天才观点的横空出世,大部分技术的重大突破都是对已有技术的重新组合,或是从其他"领域"找到新的工具。技术创新中应用的原理大多来自已经存在的方法、理论,发明的核心实际上是"挪用",一种自觉不自觉的借鉴。在时尚界,常有各种看似不着边际的混搭风格备受追捧和流行。技术创新也如此,创新即"混搭",把看起来八竿子打不着的事物联系起来,以一种出其不意的组合重新呈现在人们的眼前。

以太王国：
区块链开启薄组织时代

所有的素材其实都在你手边，而创新就是大胆地跨界、大胆地模仿，每一个技术设计者都是一个时尚艺术家。

然而，有一项混搭技术恐怕是迄今为止人类科学史上最为异常和神秘的技术，因为除了它，现代科学史上还没有哪项重大发明是找不到发明人的，它就是区块链技术。

区块链是什么？很多人都会问这个问题，也有很多人来回答这个问题，角度不同，答案也会有些不同。开发者会告诉你，区块链是一个存储在数千台计算机中的分布式技术。通过这种方式传递记录，并以拜占庭式机制（一种容错共识机制）保障安全，使得区块链比起传统的信息存储更难以被篡改。中心化的数据库，比如你的大脑，容易受损。而区块链分布式账本则向所有人开放，每个人都可以阅读，但不会被任何一个单一实体所控制。所以，财务人员会直截了当地告诉你，区块链就是一个新式的会计记账账本，不可篡改。

我不禁想起印度的一则寓言故事《盲人摸象》，是关于一群盲人的故事。他们从来没有见过大象的模样，而是通过触摸大象的身体来判断大象应该长什么样儿。每位盲人都能感觉到大象身体的不同部位，比如长长的象牙、粗壮的象腿等，然后根据各自的经验描述大象。这些人很惊讶，他们对大象的描述是不同的，甚至怀疑其他人可能在说谎。

对于新生事物，我们惯常会去体会它带来的感觉，以及在

第 1 章
什么是区块链

现实世界中寻找类比的事物去增强这种感觉。如果要用一种已知的事物来形容区块链，似乎有难度，容易出现"盲人摸象"的错觉，因此 Vitalik 曾说："区块链是一种有趣的全新有机体。"他在接受美国 tankmagazine 杂志的采访时，对区块链做了一个有趣但模糊的定义，即区块链是介于开源项目、公司、国家、语言之间的奇怪事物，它具有其中所有四个属性的部分属性，但它又不完全像其中的任何一个。

这种四不像的解释看上去模模糊糊，却反映出区块链的一些特征。没有准确的行业定义，更加驱使我们去看看其已经呈现出来的特性。

1.1 奇怪的事物：介于开源项目、公司、国家、语言之间

1.1.1 开放的源码和组织边界

开源，简单来说，就是开放源码。编译器处理的高级语言代码叫作源码。如果你想了解一个开源软件是如何运行的，你只需要阅读它的源码，当然你还可以修改源码。开放源码带来的好处是，在代码层面可以动手解决 bug（漏洞），在社会层面更突出的地方是任何人都可以参与进来，人们可以更容易地学习编程，不再是捧着课本教材看可能过时的范例，而是可以直

7

以太王国：
区块链开启薄组织时代

接看优秀程序员码出来的"鲜活"源码来学会编程。自 Linus Benedict Torvalds（李纳斯·本纳第克特·托沃兹）创建 Linux 以来，开源思想在软件界盛极一时。直至今天，计算机类开源产品无论是种类还是数量都很多，使用也非常广泛。伴随着开源的繁荣，生态也越来越大，就像李开复说的："没有开源，就没有今天的 Google。"

起初我对开源社区的印象是，一群渴望释放自由主义精神的"极客"们的自留地，但似乎又感觉缺了点什么。怀着对开源社区的好奇心，我拨通了两位"码农"朋友的电话。

第一位是从业 20 年的资深架构师范锦锋，一位耿直的中年大叔。

我开门见山地问他："你认为什么是开源？"他毫不犹豫地扔过来一个另类的答案："穷人的狂欢呗！然后慢慢变成了大势。"他继续解释道："一开始玩开源的都是什么人！不要看现在有这么多大公司，以前可是只有几个'极客'在玩。你可以理解成'农民起义'。富有头脑的'统治阶级'一看，再不'招安'就要打翻自己了，所以最好的方法是打入其内部，不分你我，不分彼此。"

我狐疑道，"也就是说，进入开源社区的大公司们其实是企图给大家画个圈，让大伙在里面玩，今天给我修复这个，明天给我找个 bug，慢慢地开发者们还爱上了这个不给钱或者给很少钱的伪甲方爸爸？"

第1章
什么是区块链

"你这话,太精辟了!"他大声地乐呵道,继而低声又坚定地说,"不过,这只是他们的想法,实际是不会达到的。社区的治理不是一两家大公司能控制的。加上本身大公司之间会有竞争,开源社区也会限制他们这么做。最典型的就是Java对待微软。现在基本是一个平衡吧,互取所需,目前还不能看到东风压倒西风的趋势。更重要的是,现在的'码农',天生就有革命意识!阿Q常说嘛,革这伙妈妈的命。"

第二个电话是打给曾任开源中国社区管理员的王文刚。他一直在知名的外企做着软件研发,比较早地参与开源社区的运营管理。他对开源的形容比较形象化,"在开源的空气中有一股橙色的气流,就像拥有像宗教信仰一样的热情,像Linux、Android操作系统等,主要的技术栈都是由开源精神创造或发起的,公司性的东西反而会非常弱化。"他还提到了开源对个人和公司的好处。

开源社区能提高个人贡献者的品牌影响力或者声誉。积极投身开源社区的人,通常心态开放、乐于分享,长期坚持下去,比较容易获得个人名气和品牌的增值,甚至成为有号召力的人。社区里都会存在灵魂般的领袖人物,会有一个leader(领导者),要么博客写得好,要么口才厉害,要么开源的项目做得多。这种增值的好处,最直接体现在工作机会上。从最近三五年来看,直接从开源项目拿到报酬的人微乎其微,但靠开源收获工作机会的人很多。比如有些公司的 HR 如果在开源社区里寻找技术人员，入职前他们就能大概知道技术人员的代码能力。在 Github（全球最大的开源协作和软件项目托管平台），你有一个很牛的账号，甚至都不需要简历，就能被相中。另外一个意想不到的对个人的影响是，开源对程序员的性格带来的改变，比如在交流上程序员变得更加积极主动。

对公司而言，他们不能雇佣所有需要的人来开发软件，他们需要更广泛的前沿程序员生态系统，当他们发现分享更有效时，开源开始变成一个很挣钱的模式，比如在开源里面可以找到一些流量、一些厉害的人才。公司想赚取流量，在开源社区打广告，有很多赞助商愿意出钱做品牌露出。公司基于开源做高端、定制版等私有框架来实现盈利。

开源社区的运营方式是以城市为单位组成分舵，提倡线上线下 O2O，加强关系的聚合。3～5 个组织者，相当于管理委员会，引导和组织活动，半个月一次的沙龙，纯技术讨论，没有广告，每年有 2～3 次大型活动。组织者负责活动的策划和执行，活动资源可以由社区里的爱好者们贡献。Github 做得最好，被微软 75 亿美金收购，Google、百度都在上面做贡献，社区很繁荣。

关于开源的研究，始于 1997 年。Eric S. Raymond 曾写了一本叫《大教堂与集市》的书，力挺开源模式挑战中心化的公司

第 1 章
什么是区块链

模式,将绝大多数商业公司所采用的模式比喻为"大教堂"模式,将 Linux 世界采用的模式称为"集市"模式。两种模式的根本不同点在于,他们对软件排错有着完全对立的认识,并提出 Linus's Law(李纳斯定律)——只要眼睛多,bug 容易捉。

李纳斯定律道出了"大教堂"模式和"集市"模式最关键的区别:在"大教堂建筑者"看来,bug 是棘手的、难以发现的、隐藏在深处,要经过几个人数月的全心投入和仔细检查,才能有点信心地说已经剔除了所有错误。当发布间隔越长,等待已久的发布版本并不完美时,人们的失望就越发不可避免。对"集市"模式而言则完全不同,在上千名合作开发者热切钻研每个新发布版本的情况下,你可以假定 bug 是浅显易找的,或者至少可以很快变得浅显易找。所以你会频繁地发布新版本,以获取更多的修正,其副作用是良性的:即便发布的版本中有些小问题,你也不会损失太多。

开源软件为了生存和发展,在组织形式上进行了创新,于是开源社区开始兴起。开源社区也被形象地比喻为"市集",有着不同于软件开发企业的本质特征:软件开发企业内部的员工是基于利益关系而组织在一起的,而开源社区内部的各个成员是基于兴趣走到一起的。作为一种新的组织结构,开源社区显示出一些传统公司不具备的特征,如下页表所示。

11

以太王国：
区块链开启薄组织时代

对比维度	开源社区	传统公司
正式的组织边界	无	有
工作形式	自发协作	监督、命令
酬劳回报	没有或很少	固定；较高
信息开放程度	免费、公开	视情况公开
沟通方式	远程	面对面为主
参与者驱动	个人兴趣	金钱、职位为主
领导者	项目初始代码的开发者、早期的重要贡献者	大股东或其委任的职业经理人
立项基础	兴趣爱好	基于理性的市场调研

区块链项目继承了开源社区的精神，不仅具备上述开源社区几乎 90% 的特征，还在第 3 条"酬劳回报"上取得了重大的突破。虽然区块链所有的源码是开源的，可以供任何开发者来调用和修改，但在经济机制和激励方式上迈出了进化的一步，所有在区块链开发者社区做贡献的人可以获得报酬奖励，甚至是较为丰厚的报酬奖励。因此，区块链在开源的基础之上，更增加了价值衡量和价值兑现——每个贡献者都可以赚取或投资持有有价格的加密货币，当参与的人越多，获得的价值就越大，如此正向循环，每一个人都从价值增长中受益。同时，你可以加入某一个区块链项目并遵守其构建网络的规则，或者你自己构建一个网络。在 Github 发布的 2018 年年度报告中，有一项关于前十个增长最快的开源项目统计，以太坊排在第五位。

第1章
什么是区块链

开源演变成一种存在方式，一种看待世界的方式。开源的发展，从建立起了大家的连接和分享意识，到形成了协作组织生存与发展的雏形，再到当下区块链为开发者们赋权，让参与者们拥有了更多的选择和回报，尽管脚步是缓慢的，一开始是断断续续的，因为一群人在一定距离内妥协和合作，但最终会成为社会发展和变化的方式，我们能够预见的是，未来大规模远程协作的基础越来越夯实。

1.1.2 像公司，但个人拥有选择权

什么是公司？Peter F. Drucker（彼得·德鲁克）在《公司的概念》一书中指出：公司是为实现一定社会目的的组织手段。公司将人、财、物这些资源进行汇集并用于生产。

公司通常会由管理层制订好具体路线，并以控制和指引的方式让员工去实现公司的既定目标。在这个过程中，每个人为中心化的公司服务，中心化的公司给员工安排各种职务、发工资、发奖金、发股票，来激励员工不断地为这个公司的事业服务并创造更大的价值。因而，员工与公司之间的交易关系是以劳动雇佣方式来体现的。

对大多数人而言，从学校毕业之后就会进入一个叫作"某某公司"的地方，开启长达几十年的传统职业生涯，按时去一

以太王国：
区块链开启薄组织时代

个固定的地方上下班，服从公司的安排和管理，遵循公司设计的岗位、职级以及职业发展通道，不断以"打怪升级"的方式谋求升职加薪。这个过程中，我们能够看到和体会到显而易见的公司特征：高度集中化。这种集中表现在：政治权力上的集中，比如CEO；组织架构上的集中，比如总部；运营逻辑上的集中，我们不能将它们真正地分成两半。

在劳动雇佣关系下，我们也不可避免地会遭遇一些职场问题，比如不喜欢工作内容，不能参与业务决策，多层组织架构导致的信息传递衰减，个人职位晋升之路漫长，涨薪困难，甚至面临公司内部的政治斗争，等等，我们没有主动选择权，大概率只能被动接受。如果有一天你不喜欢你的上司或老板，你可以投诉或辞职，然后换一家公司开始另一个循环。

然而，当区块链出现后，一切开始慢慢发生变化。以比特币为例，2018年11月1日是比特币白皮书诞生10周年，在比特币的世界里，没有公司，没有股东会、董事会，没有员工，没有经营场地，没有资产负债表，它靠什么成功有效地运行了10年呢？谁来决定这个网络怎么运行？显然不是由董事会和管理层做出来的决定，而是依靠一套共识的数学算法和多样化的群体决策来进行经营治理。

无论比特币代表区块链1.0时代、以太坊代表区块链2.0时代的论调是否成立，区块链带来的组织形式，一方面延续着公

第1章
什么是区块链

司为实现一定社会目的的手段，另一方面又打破了公司固有的结构特征，让我们看到了技术驱动的算法管理和非集中性的分布式管理带来的新组织形态。其中，又以以太坊的现行规模和成效最为显著。

过去，任何的交易活动都需要中介来作背书和解决信任问题，在缺乏第三方的情况下，两个陌生人不可能达成一笔交易，就像我们在淘宝上买东西需要有支付宝一样。而现在，区块链作为可信任的技术手段，基因里所携带的"去中心化"具备了非比寻常的作用和意义：第一，在区块链上完成任何一笔交易不再需要第三方这个"中心"；第二，经济活动不再需要"公司"这样的组织和管理手段；第三，原来建立在公司制度基础上的激励机制也彻底发生了改变，这种激励不再是中心化机构建立，而是以加密货币和社区机制来共同实现。

通过区块链，我们开启掌握自己命运的主动权，将有权选择不同的立场。就像在社区里，如果人们更喜欢你的方法，他们会蜂拥而至。虽然社区里也会存在一批核心开发者，但是他们只是拥有专业方向和蓝图设计的指引权力，他们需要更多人的支持才能走向理想中的远方。

正如Vitalik在接受采访时发出的以太坊式的招募邀约一样："你可以成为瑞士组织以太坊基金会的全职员工。你可以是从以太坊基金会获得资助的人，你也可以是一个群体，或一个有想法的知识分子,你可以只是喜欢和我们一起出去玩,而且碰巧飞机飞到我们所在的同一个城市。你可以是某个以太坊项目的工程师。你可以是一个正式的组织,在以太坊基金会之外工作,甚至比以太坊基金会内部的一些人做出了更大的贡献。我认为这是许多成功创新的来源。所以,你既可以选择跟随我并拥有与我一样的生活方式,也可以选择为一些传统公司工作,并申请一些以太坊基金会的资助来开发一个项目。你也可以选择和伙伴一起开发以太坊应用程序,当然你也可以选择作一个在家工作的'独狼',你可以做出你想要的任何选择。"

无论是加入以太坊,成为以太坊团队的一员;还是成为一个"独狼";或是加入一家传统的大型企业,甚至是加入创业公司,所有的选择,在于你自己。You're the boss.

1.1.3 像国家,但可以自由地穿梭于多方之间

Vitalik也谈到过区块链的部分国家属性,他说:"区块链也像是国家,因为人们经常对它们也有类似宗教或政治的感觉。对于我来说,Bitcoin Core(比特币核心钱包)和Bitcoin Unlimited(比特币无限)之间的辩论看起来与美国政治非常相似。"

区块链与国家的相似和不同至少会表现在以下三个方面。

第1章
什么是区块链

第一，在体验感受上，拥有类似宗教或者政治上的拥护和追随。就好像，Vitalik 不仅被视为以太坊的发明者，也被视为以太坊的"大祭司"——没有正式的权威，却拥有巨大的软实力和极高的声望，有些开发者声称第一眼看到社区里的白皮书时就为之痴狂，发誓要为他工作。

第二，在治理上，区块链延续了现实社会的有效制度，只不过是用机器的方式。我们可以想想，现实世界里为什么我可以相信你、愿意跟你签合同，是因为我相信法律和背后的一整套司法制度在背书。这是久经考验的，几乎是我们所有人都相信的共识。在区块链的虚拟世界里，将人来做的判断和执行，改为由机器自动化操作，并用机器进行规模化。就像工业革命一样，工业革命用机器代替人的体力劳动，区块链用机器来代替人的交易系统。我们是在建立一个新的社会，这一切都是在商业世界里面发生过，用技术来实现的东西，但是并不涉及政治。

第三，在自主选择上，区块链提供了多样化的机会：你可以进入、退出任何一个区块链。要知道，我们都无法选择自己的出生地，即使不喜欢所在国家的管理方式，也可能没有足够的资源移民到其他国家，即便是可以，也需要付出较高的代价，这种代价可以是金钱投资上的，也可以是技术资源方面的。但区块链则不同。如果您不喜欢区块链 A，你可以抛售它的 Token（代币）并自由地迁移到其他的区块链。甚至于，你可以支持其他人对 A 的分叉，或者，如果你有足够的进取心，可以自己管理一个新的分叉。虽然分叉不是免费的，但相对于从一个国家移民到另一个国家而言，它比较便宜和容易。

1.1.4　像语言：逻辑中心化，使用分散化

语言学家 Samuel Hayakawa（塞缪尔·早川）在《语言学的邀请》一书中说，语言是人类生活中不可缺少的工具，它可以形塑、引领、增益和积累人类昔日经验，形成今日生活。人类间所有的协定或赞同与认可……都要通过语言的程序才能得到，否则根本无法实现。Samuel 一语道出了语言作为协作工具的属性。

区块链与语言，看似是八竿子打不着的两种事物，但仔细琢磨，也存在着一些相似的特性。

首先，两者都是表达方式。人是会说话的动物，因而产生语言。区块链是以计算机语言来集中呈现的，本身也是语言的一种逻辑表达方式，以机器的方式存在，实现机器与机器、人与机器之间的交流。

其次，语言是社会性的，有一套中心化的逻辑，没有一种语言的存在需要集中式的基础设施，并且语法规则并不是由单一的个人所创造或控制的。但语言在使用范围上是去中心化的，

第 1 章
什么是区块链

世界上很多地方的人都会说英语,但在本地化表达上呈现出各自的进化特色。区块链也是如此,程序逻辑上中心化,但使用、构建范围上是分布式的,是无国界的,组成社区的人可以是互联网上的任何人,以太坊遍布全球的几十个社区,25万名社区成员就是最好的证明。无论你在哪里,你都可以运行以太坊,都可以随时参与和使用任何的应用程序,或者自己构建一个新产品来邀请其他人加入。

第三,两者都可作为协作的媒介。人们通过语言进行广泛的合作,以适当的方法听说读写并累积经验,所有人都可以随时利用这些经验,最终使得人与人一起有更多的机会在世界上共同生存下去。区块链实现的一个功能也是大范围协作平台,将人们的经验汇聚一起,形成规模宏大的公开的"知识共享舞台",任何人都可以加以利用和继续创造。这种连接的媒介性与语言是很相似的。更有趣的是,当语言变成一种仪式,它所引起的效果,在一定程度上将会附带上团体情感,这种仪式般的情感,最大的好处是重新加强了人与人的团结。区块链里诞生的新语言,诸如"HODL""BUIDL"等使得人们围绕一个目标抱团取暖、共同进退。关于新语言是如何带来新的文化,会在后面的章节中讲述。

说到这里,似乎越解释越迷惑:区块链究竟是什么?我们似乎找不到一个比较准确的可套用模型,因为各种的"像"和"像"

让我们无法进行简单的类比。但是，即便是无法类比的新事物，区块链也始终是由一个又一个的人组成的，理所当然地会携带人类组织共同的优点和缺点。那么，这样的一个"四不像"组织在过程中是如何朝着优化的方向有意识地改变自己的呢？新事物的最大空间就在于我们人类的想象力和共同作用力。

值得一提的是，区块链让世界上更多的人更容易地连接到全球经济之中，也让不同的项目更便捷地相互连接。随着整个行业的成熟和市场容量的增长，越来越多的项目开始涌现，比如今年闪亮登场的美国互联网巨头Facebook发行的数字货币Libra。在Libra的"逼迫"下，各国央行们幡然醒悟开始正视区块链技术和数字货币，中国的法定数字货币也提上了日程，构建新一代基础设施的时代已经到来。

1.2 神秘的发起人：一群密码朋克

有这样一批人：

他们其貌不扬，顶着卷曲凌乱的头发，蓄着蜿蜒纠缠的胡须，甚至衣着邋遢。

他们对物质没有要求，生活简朴，甚至吃了上顿不知道下顿在哪，但他们掌握着最先进的科技，玩着最炫酷的技术。

他们信奉"Low life, high tech"，追求心灵上的极致圣地。

第 1 章
什么是区块链

他们是像人们心中的"怪咖""侠盗"一样的存在。

他们被称为"赛博朋克""网络朋克",以及影视剧中耳熟能详的网络黑客。

区块链的技术和文化正是起源于这群人的"密码朋克运动",英文翻译是 Cypherpunk。

从第二次世界大战以来,密码技术一直是西方各国关注和保密的一项技术,基本上都是国家安全关注的重点,在美国也不例外。所以很长时间里,密码技术都属于军方管控的一项技术。美国的自由主义倾向相对来说比较严重,在一批自由主义倾向非常严重的极客群体里面,兴起了一个叫"密码朋克"的组织。这个组织认为,像安全技术这样涉及每个人隐私的技术,应该让每一个个体都有权利去使用或者拥有,不应该只控制在国家手里,这就是密码朋克最早兴起的宗旨。

直到 20 世纪 70 年代,IBM 找到美国政府,说商业公司某些场合也需要使用密码学。因此,美国政府批准 IBM 拿出了一个商用密码方案,后来变成了我们今天知道的 DES——美国数据加密的标准,使密码学作为一种学问得以开始进入民间。

因为商业的原因密码学得以民用后,越来越多的信息和文章流向民间,使得民间出现一批不在军方、不受政府雇佣、又掌握先进密码学的一批"侠士侠客"。然后他们就开始研究密码学,研究密码学怎么为商业所用,为民众所用。20 世纪 80 年代,

以太王国：
区块链开启薄组织时代

David Chaum（大卫·乔姆）创建了匿名支付和电子货币。

1992 年，Eric Hughes（埃里克·休斯）开发并运行了 crypto 匿名邮件列表服务器。因为有了匿名邮件列表，全世界的自以为自己是密码朋客的人才能在一起相互地匿名通信，共同协作。

1993 年是高产的一年，Eric Hughes、Tim May（蒂姆·梅）和 John Gilmore（约翰·吉尔摩）一起坐在咖啡馆里，讨论出了《密码朋克宣言》，宣告着密码朋克正式成为一项运动。宣言的开篇提出：无隐私则无自由，也明确地指出隐私跟秘密不是一回事儿，隐私是我有一些东西，我不想让全世界都知道；而秘密是我有一些东西，我不想让任何人知道。所以，密码朋客和黑客不是一回事儿：黑客是为了把你的秘密偷盗出来，而密码朋客是为了保护你的隐私。这两者有着天然的区分。同时，宣言认为，匿名通信系统和支付系统是保护隐私必不可少的基础设施，明确提出需要构造电子支付系统，要用密码学和代码创建一个安全、自由、保护隐私的网络世界。

同年，还发生了一件大事，Bruce Schneier（布鲁斯·施奈尔）出版了《应用密码学》，这本书对当时所有军用、民用的密码学做了一个总结，并且这本书可以在全世界发行。当时的美国政府规定，如果密码学代码是放在磁盘上的或者是以电子形式存在的，则不允许出口；但如果把它印在纸上，就可以出口。所以，《应用密码学》使得美国之外的很多国家的人第一次能够接触到真正的商业军用级别的密码学代码，极大地促进了密码学的传播。而这些人都是密码朋客，他们不受雇于美国军方。1997年，Crypto匿名邮件列表服务器升级为采用多节点邮件列表服务器，它里面有大量的技术创新，比特币的很多技术就来源于它。

2001年，我们都知道，BitTorrent出现了，发明人叫Bram Cohen（布拉姆·科恩），他是一个知名的密码朋客，完全符合密码朋客的所有特征——穷困潦倒、身怀绝技，又不为外人所知，后来一举成名天下知。

2008年，同样是密码朋克的中本聪开发了比特币，伴随比特币而来的是HODL一代的诞生。

2014年，以太坊携带智能合约出现，BUIDL一代涌现。

1.3　致敬科学家们的最小单位

或许只有神仙和魔鬼的地界，才找不到肉身的存在。

2008年10月31日，一个署名为中本聪的人，在一个密码学邮件组里发表了一篇题为《比特币：一种点对点的电子现金系统》的论文。在这篇论文中，他声称开发了一套新的不受政府或机构控制的电子货币系统。论文不长，翻译成中文只有13页。正是这篇未发表在金融、计算机类期刊上的，按照论文格式来书写的、逻辑严谨的论文，成为整个比特币的理论基础。

以太王国：
区块链开启薄组织时代

中本聪是谁？无人知晓，但可以肯定的是，他一定是一名顶级的密码朋克。

据网络上的传言，当年中本聪在密码学邮件组中提及自己的思路时，惹来一片嘲讽，因为之前的各种电子货币都以惨败收场，没人相信一个30出头的无名之辈能够挑战此任务。只有著名的加密大师 Hal Finney（哈尔·芬尼），他是唯一的一个，关注到了中本聪的思想。哈尔·芬尼开始帮助中本聪，成为第一个运行比特币系统的人，也是比特币系统中第一笔交易的收款人，当时，中本聪为了测试，给他打过去了70枚比特币。随后，哈尔·芬尼通过"挖矿"又陆续获得了几千枚比特币，但他随即停止了挖矿，因为他发现电脑太热了，他舍不得自己的笔记本。

什么是"挖矿"？首先要明确"挖矿"不是跑到矿山下去挖矿石。"挖矿"，就是利用芯片进行一个与随机数相关的计算，得出答案后可以获得一个虚拟币的奖励。由于关系到随机数，只有恰巧找到答案才能获取奖励。有可能一块芯片下一秒就找到答案，也有可能十块芯片一个星期都没找到答案。运算能力越强的芯片就能越快找到这个随机答案，越多的芯片同时计算就越容易找到答案。

打一个比方。课堂上，老师在黑板上写了一道数学题，给出部分提示，谁猜对就给他奖金(相当于"挖矿")，此时，聪明的"学霸"根据提示不断计算做出更多猜测（计算能力），机

第 1 章
什么是区块链

灵的"学渣"出钱邀请一群人一起猜测（矿场），无论谁猜到，按照每个人猜测次数比例分配奖金（矿池）。越聪明的人能做出越多次的猜测，猜到的机会也就越大，能获得的收益也就越大。

民间还流传着另一种说法，说哈尔·芬尼有可能就是中本聪，依据是：他在20世纪90年代有一项非常重要的发现叫"可重复使用的工作量证明（RPoW）"，这项发现为区块链的实施带来了技术基础。有人猜测，哈尔·芬尼因为渐冻症病痛，不得不在2011年初退休，中本聪在2011年到2014年之间没有发表过文章，哈尔·芬尼退休与中本聪退出论坛的时间点非常接近。

如果他真的是中本聪，也只能留给后人来发现了。哈尔·芬尼死后有一个壮举，主动接受了人体冷冻，也许几百年之后，他还会醒来，看看这个世界是否如他料想的一样。

但不管怎样，中本聪的到来，告诉所有人：一个新世界到来了。

区块链延续着密码朋克的精神，比如对密码学的推崇。我们都看到美元上写着"In god we trust"，而在比特币的社区里，大家说"In cryptography we trust"，即：我们不信上帝，我们信密码学，密码学和去中心化就是我们的上帝。这是来自密码朋克最强烈的意识。他们认为，有了密码学，有了隐私保护之后，人们不再需要世俗的信任方式，而是依靠密码学和去中心化来获得信任。这些东西到底值不值得我们肯定和认可，见仁见智，大家可以有自己的看法和选择。

密码朋克运动也通过另外一种方式被记载到了区块链当中，这种方式比较科技范，沿袭了科学界的传统，即用做过杰出贡献的数学家、密码学专家的名字命名。比如为了纪念中本聪，BitcoinTalk 论坛上的用户们在 2011 年讨论后商定了比特币的最小单位以及换算公式：一个比特币相当于一亿个 Satoshi，Satoshi 是一聪，成为比特币的最小单位。

Satoshi（聪）	Bitcoin（比特币）
1	0.00000001
10	0.00000010
100	0.00000100
1000	0.00001000
10000	0.00010000
100000	0.00100000
1000000	0.01000000
10000000	0.10000000
100000000	1.00000000

以太坊的最小单位是 Wei，1 个以太币 = 10^{18} Wei，这个单位小到就好像 Byte 字节与 KB、MB、GB 的电脑存储单位。Wei 是为了致敬提出匿名分布式电子加密货币 B-Money 的密码学先驱——华裔科学家戴伟（Wei Dai）。以太币的其他单位致敬了

第 1 章
什么是区块链

一批科学家：Babbage 来源于通用计算机之父 Charles Babbage（查尔斯·巴贝奇）的名字；Lovelace 来源于著名英国诗人拜伦之女，数学家、计算机程序创始人 Ada Lovelace（阿达·洛芙莱斯）的名字；Shannon 来源于美国数学家、信息论的创始人 Claude Shannon（克劳德·香农）的名字；Szabo 来源于去中心的数字货币机制比特金（Bit Gold）的提出者 Nick Szabo（尼克·萨博）的名字；Finney 来源于中本聪之后第二个接受比特币的人 Hal Finney 的名字。这些人都在数字货币的诞生过程当中发挥过重要作用，所以他们的名字也被以这样的方式记载在密码学货币的历史上。不管过去、现在还是未来，在我们的每一笔交易中都提醒着那个最小单位，因为无论我们转账多少，都将是一种"刻骨铭心的纪念"。

为什么要有这么小的单位？作为消费者，我们通常都比较喜欢价格趋于整数的商品或服务，从而避免找零的麻烦。拿比特币举例，由于现在比特币的价格相对于许多日常商品和服务的价格来说都要高太多，拆成最小单位 Satoshi 使用起来是比较方便的，比如 2010 年 5 月 22 日，美国程序员 Laszlo Hanyecz（拉斯勒·豪涅茨）用 10000 比特币买了两个比萨。2018 年年初，这位程序员再次使用比特币，又买了两个比萨，这次只用了 649000 个 Satoshi。

这样的最小单位还发挥着区块链特质的意义。以耳熟能详

27

的《西游记》中的角色为例说明这个事情。唐僧师徒西天取经归来，唐僧想给孙悟空一些物质奖励，此时唐僧的银行账户里躺着10元钱，他转给孙悟空6元钱，转完以后，唐僧的账户还剩下4元钱。传统的转账记账技术是从唐僧银行账户上减掉6元，孙悟空的银行账户上加上6元，唐僧的账户上仅仅是余额发生了变化。接下来，孙悟空为了感谢二师弟猪八戒的一路同行，又转给猪八戒3元，猪八戒又转给沙和尚1元。同理，师徒四人的账户余额发生相应变化。

但在区块链世界，并不是余额加与减的简单计算，而是通过设置一个最小的单位给所有的钱打上标签，并且这个单位具有唯一的编号。假设最小单位设置为"分"，唐僧账户里10元钱就成了1000个"分"，且每个"分"都有自己的编号，从1号、2号……直到1000号。在所有银行的系统里，每一"分"与每一"分"的编号都不同。唐僧转6元钱（600个分）给孙悟空，就等于是将带有唯一标签（编号）的"分"转给了孙悟空，孙悟空又给猪八戒转钱，猪八戒又给沙和尚转钱，无论转多少次，第1号或者第n号的最小单元都能找到源头。这种找到源头和历史轨迹的方式就叫作"溯源"，因此每一"分"都能溯源，每一"分"的走向都非常清楚，自然就不会出错，相互间的效率提高。

正是因为最小单元唯一性的存在，并且每一个最小单元都拥有独一无二的标识，才使得银行间转账效率提高。银行 A 和银行 B 之间开展业务往来，过去两家银行每月都要对账，每次对账就很忙乱，耗时长，发现乱账、坏账还需要报批和处理。如果采用区块链技术进行转账、交易，上千万笔交易准时到账，对账时没有一笔差错，效率极大提升。在金融领域，提升效率等同于赚钱，于是，敏锐的金融从业者们嗅到了变革的一丝丝味道，国内外的大型金融机构相继成立区块链技术部门，投入重金开始研究和开发区块链技术的更多潜能。自然而然地，金融世界成为区块链技术的第一块试验田。

1.4 拜占庭将军问题

有了比特币，困扰程序员们很多年的"拜占庭将军问题"得以解决，随之而来的是包含密码学、分布式存储等技术的区块链以一种极其迅猛的姿态席卷全球。

1982 年，由 Leslie Lamport（莱斯利·兰波特）等人提出了拜占庭将军问题（Byzantine Generals Problem），把军中各地军队彼此取得共识、决定是否出兵的过程，延伸至运算领域，设法建立具有容错性的分散式系统，即使部分节点失效仍可确保系统正常运行，可让多个基于零信任基础的节点达成共识，并确保资讯传递的一致性。

论文中的原文是这样描述的：

We imagine that several divisions of the Byzantine army are camped outside an enemy city, each division commanded by its own general. The generals can communicate with one another only by messenger. After observing the enemy, they must decide upon a common plan of action. However, some of the generals may be traitors, trying to prevent the loyal generals from reaching agreement.

翻译过来就是：假设拜占庭帝国的几支军队在敌人的城池外扎营，每支军队听命于自己的将军，这些将军之间只能通过信使传递消息。在对敌军进行侦察后，将军们必须制订一份共同的行动计划。但是，有些将军可能是叛徒，这些叛徒会阻碍那些忠诚的将军达成共识。

这是区块链、比特币最重要的核心问题，就是如何解决公开网络上的信任问题。为了理解比特币是如何解决拜占庭将军问题的，有一位网友用动画片《哆啦 A 梦》里的故事打了比方，很形象。故事里的主角是哆啦 A 梦、大雄、静香、小夫、胖虎五个小伙伴。

胖虎体胖腰圆，常常欺负弱小同学，但他也很怕事，遇到强大的对手立刻就变怂。一天，经常被胖虎欺负的其他四个小伙伴凑到一块，决定联合起来去找胖虎谈判。他们偷偷地给胖

第1章 什么是区块链

虎扔了一张小纸条,约胖虎放学后小广场见。

下课铃响起,胖虎优哉游哉地走去小广场,其他四位小伙伴计划先各自回家放下书包后,再火速赶去广场集合。刚到家,大雄扔下书包打算去广场,突然哆啦A梦说了一句话:小夫那么怕事,万一他不去怎么办?这时,大雄迟疑了,他想,对啊,静香又是个女孩子,万一也不想去,我们去了势必要被胖虎揍一顿,我有点不想去了。于是哆啦A梦和大雄在家里踌躇着,静香和小夫其实也在家里考虑着,都认为大雄胆小,也极可能不会去。就这样,胖虎在小广场上等了一小时也不见其他人。

这其实就是著名的拜占庭将军问题,分析一下,它有几个特点:

- 胖虎这个敌人很强大;
- 其余四个小伙伴实力均等;
- 如果小伙伴们联合起来,可以打败强大的胖虎;
- 只要有一个弱者退出,合作势必失败。

拜占庭将军问题的本质是,如何让众多完全平等的节点针对某一状态达成共识。何为共识?共识本身的意思就是,正确并不一定是真正的正确,而是大多数人认为的正确。

古老的拜占庭帝国是一个强大的国家,他们常常进攻他国以扩大疆土。这次,他们打算攻打一个也很强大的国家多米诺,采取的战略是兵分十路,包抄多米诺,这样他们才会赢。他们按照

以太王国：
　　区块链开启薄组织时代

地形，每支队伍先驻扎下来做好准备等待进攻时刻。这时问题出现，十支部队如今分开了，只要有一个或多个将军是奸细或有将军临时反叛，到了约定的时间不冲锋陷阵，那么战争就会失败，损失也将极为惨重，只要多米诺国反攻，拜占庭帝国甚至会亡国。

　　基于以上的问题，我们需要在行动时达成共识。互联网上，每台计算机都是一个个完全相等的节点，只能靠通信来协调，没有权威背书或信任。这是一个急需解决的问题。

　　直到比特币的出现才算解决了这一问题。比特币采用了PoW的工作机制，PoW是一种工作量证明。工作量证明系统的主要特征是众多参与节点需要做一定难度的工作得出一个结果，谁先得出立即全网广播，其他节点很容易通过结果检查出之前节点是不是做了相应的工作，一旦结果被证明正确，其他节点会把之前节点的结果添加到各自的账单中，为争取下一笔的交易记录做好计算的准备。

　　于是，沿用比特币的工作机制，将军A在互联网上先发布了一个消息"进攻"并附上了自己的签名"将军A"，即"进攻+将军A"（这则消息容易被其他将军证实确实是将军A发出的）。如果消息发出去，却没有执行的话，将军A在拜占庭帝国会被认为是叛军，他的族人都会被处死，他自己在整个社会也会混不下去。如果将军A的消息被其他节点收到，并且其他将军也打算进攻，则在将军A的消息后面跟上自己的信息，

第 1 章
什么是区块链

如"进攻 + 将军 B",以此类推。当此类消息达到十个,他们必将一同发起进攻。

这时也会出现一种情况,将军 A 发出消息后,可能会有两个或多个将军同时发布"进攻 + 签名"的消息,这时,各个节点会严格按照广播的精确时间进行排序,确保一条链的完整性。也有完全同时广播出来的情况,这时就是"分叉",出现分开的两条链,之后,哪条链上添加的账本多就代表共识多,那么它就成为主链,另一条分叉链就此中断或被另一部分矿工认可继续添加,就像后面章节会讲到的以太坊 ETH 和以太坊经典 ETC 的故事。

之所以能够达成统一的共识,认可这一账本,最终是因为利益驱使。任何人都可以随时加入比特币这套系统,读取、更新、记录账本,只要解题的速度够快且准确,就可以争取到比特币作为奖励(我们这里只用比特币的工作机制举例);相反,比特币网络中只有拥有超过 51% 的算力才能破坏网络安全,如果作恶的话,会浪费自己的大量资源,收益可能并不一定会高于成本。所以,中本聪最成功的地方,就是发明了 PoW 工作量证明的方法,利用新币发行的刺激机制,解决了拜占庭将军问题,从而漂亮地实现了公开网络上的信任机制问题。

以太王国：
区块链开启薄组织时代

1.5 开放式金融时代的来临

中国证券登记结算有限责任公司总经理姚前曾指出，资产数字化将催生金融的零售革命，将带来更具深远意义的金融变革，如果说数字经济是躯体，数字金融就是血脉，而数字资产则是核心，数字资产呼唤数字货币。

在数字货币的世界，时间顺序上是先有比特币，再有区块链。区块链是自带金融属性的新一代互联网，同传统互联网相比，区块链的价值属性非常的鲜明。在区块链上，每一次动作都有一次价值移动产生，这对于传统互联网来说，是一个极大的进步。区块链中有一套价值体系可以衡量用户行为所对应的激励价值。比特币构建了新世界的价值底层，是新世界的数字黄金，它的使命是成为一种储值货币。基于区块链强大的金融属性，这种新的协议机制最容易触动的就是金融行业的变革。区块链分布式的特点，有望打破原有的中心化数据库模式，将数据通过分布式记录和存储的方式留在每个个体当中，从而改变数据的价值提取方式。

1.5.1 重构金融与经济世界

对金融业务而言，区块链大幅度地降低金融业务的运作成

第1章
什么是区块链

本,提高金融业务的运作效率,提升金融交易和身份验证的可靠性。例如在证券行业,区块链的应用前景十分广泛。从用户的角度来看,我们在证券行业所看到、感知的信息,都是证券公司或者证券IT公司让我们看到的。这些信息的真实性我们没有办法判断,信息在流转的过程中,有没有发生改变,我们无从得知。区块链可以驱动证券行业向弱中心化、强交互化拓展。区块链在证券交易前台、中台、后台三个环节都有应用空间,包括客户认证,反洗钱,信息披露,证券的发行、转让、登记、存管、清算,数据共享等。

在证券行业中,区块链在证券发行和转让、登记、存管、清算等方面的应用潜力更大。基于区块链的去中介化、不可篡改性和时序性,区块链展现了多种优势:区块链使交易流程更简洁、快速,减少重复工作,交易日和交割日的时间从1~3天缩短至10分钟,提高交易效率;由于区块链技术具有公开、透明、可追踪的特征,降低内部交易的可能性,杜绝舞弊的风险。

区块链作为一种底层技术,去中心化是其独有的特质,有望应用于多种行业,而金融行业将是区块链应用的主要领域之一。传统的金融秩序的核心支柱是银证保体系,几乎是建立在以银行、交易所、清算所、第三方支付等机构为中心化的基础上。而区块链的去中心化特质对这些传统金融机构形成了巨大挑战,甚至是颠覆。

以太王国：
区块链开启薄组织时代

事实上，纵观历史，真正具有价值的新技术所带来的变革从不会因为任何个体或者部分利益群体的影响而停滞不前。技术条件逐渐成熟后，区块链对金融行业的变革虽会迟到，但不会缺席。

目前有种说法，传统的金融中心机构因受到威胁而对区块链技术形成阻力，同时也能看到越来越多的金融机构开始拥抱区块链这一新技术，试图在区块链的"萌芽期"取得先机和话语权，以便找准自己的定位。这件事情，在金融科技时代就曾发生过，例如西班牙的桑坦德银行就是果断拥抱金融科技的银行。该银行将金融业务与IT科技进行结合，在同业竞争中为自己的金融业务建立了一条很深的护城河，使其在竞争中脱颖而出。

在区块链的世界里，Visa（维萨）和纳斯达克是非常好的案例。两者在金融行业中都分别面临着Master（万事达）和纽交所的竞争。当他们意识到区块链技术可能对自身和竞争对手未来的商业价值形成挑战时，便采取了明智的做法——拥抱技术，开展革新，成为Chain（美国区块链技术初创公司）的早期合作者，布局区块链技术应用的试点项目。

每一次的技术变革，都会导致话语权转移。又如在区块链的联盟链领域，由花旗银行、瑞士信贷、摩根大通、高盛、汇丰银行等42家国际银行组成的区块链联盟R3，很早便开始致力于制订银行业区块链技术开发的行业标准，以便在变革到来

第1章
什么是区块链

前取得行业话语权。从另一角度看,这就是金融体系的话语权开始从金融背景的人向技术背景的人转移,这是极大的一个变化。过去,人们觉得做技术是一个很底层的工作,没有什么机会走到前台。现在完全不一样了,技术背景的人开始拥有更大的话语权。

区块链在金融行业的应用面最广,目前金融服务的互联网化程度已经较高,而区块链的属性就是新一代的价值互联网。因此,区块链几乎可以涉及金融的各个分支领域和覆盖全流程,为金融行业带来全业务的系统性重构。

区块链重构金融的本质意义在于实现金融服务"高效率、低成本的可靠自治"。从清算支付,到金融相关的身份验证,再到票据、征信,以及更复杂的证券发行与交易等权益类证明,区块链对金融行业的重构是"深度+广度"的二维结合,既能涉及金融行业的各类业务,又能给每个业务内的多个流程、环节带来改变。

目前金融服务的各个流程、环节中存在的诸如效率瓶颈、交易时滞、欺诈和操作风险等顽疾,都有希望在被区块链的重构过程中迎刃而解。区块链带来的收益也将惠及所有的金融活动的参与方,包括金融机构本身、金融机构的客户,以及金融机构的合作方。

以支付清算为例,比特币的设计初衷就是点对点的电子现金支付系统。这个应用在国际货币清算环节极大地提升了原有系统的效率。通过区块链清算实现去中介化，进而降低现有支付清算模式下高昂的时间成本和资金成本。我们知道，现阶段商业贸易交易清算支付都要借助银行，这种传统的通过中介进行交易的方式要经过开户行、对手行、央行和境外银行（代理行或本行境外分支机构）。在此过程中每一个机构都有自己的账务系统，彼此之间需要建立代理关系，需要有授信额度；每笔交易需要在本银行记录，还要与交易对手进行清算和对账等，导致传统的清算交易速度慢、成本高。

与传统支付体系相比，区块链支付可使交易双方直接进行，不涉及中间机构，即使部分网络瘫痪也不影响整个系统运行。如果基于区块链技术构建一套通用的分布式银行间金融交易协议，为用户提供跨境、任意币种实时支付清算服务，则跨境支付将会变得便捷和成本低廉。传统金融体系的SWIFT（环球同业银行金融电讯协会）作为一个链接了数万家银行的通信平台，已经感受到新兴的区块链企业的威胁，最典型的区块链初创企业就是Ripple。Ripple和合作机构开始提出一些全新的结算标准，区块链的加入可以将这个时间缩短至几小时，甚至几分钟。

同时，区块链技术的应用可以帮助跨境支付与结算业务交易参与方节省约40%的交易成本，使每笔交易成本从约26美元下降到15美元，其中约75%为中转银行支付的网络维护费用，

25%为合规、差错调查，以及外汇汇兑成本。

1.5.2 区块链的投资逻辑

当美国证监会（SEC）批准了BlockStack等多个项目时，人们看到了，即使没有传统意义上的金融中介的参与，融资活动照样可以开展，而且资产的数字化使融资成本更低、范围更广、效率更高。这将开启金融体系的全新局面，以数字资产为核心的金融创新将是数字金融的重要发展方向。

区块链投资和传统金融投资的底层大逻辑是一样的，一是发现价值，二是发现各个阶段的价差。与传统股权投资类似，区块链投资发现有价值的项目或者场景，投资然后再退出，最大的不同在于持有时间上。传统股权投资对时间的容忍比较长，二级市场的定增基金一般3～5年，一级市场的时间周期在5～7年。

如果我们要给区块链投资划分年代的话，以太坊智能合约会成为一个显著的分水岭：智能合约之前的时代和智能合约之后的时代。就像DOS和Windows一样，DOS时代都需要通过写代码来执行一个项目，不懂代码的人完全不能进入这个体系里。而进入智能合约时代就像进入了Windows，即使你不懂代码，也可以通过视窗的方式写程序、做项目，Windows的最大的优

以太王国：
区块链开启薄组织时代

势在于可以让更多的人参与进来。所以我们能看到，以太坊诞生后，区块链世界的门槛降低了，参与者一下子变多了。

在智能合约之前，区块链世界投资的起步阶段从比特币开始，当时还没有ICO募集的概念，投资区块链的方式主要有两种，一种是投资矿机，通过"挖矿"获得比特币进行销售获利，这是能够获得比较稳定收益的投资方式；另一种是在公开市场买币，通过低买高卖进行获利，这种投资方式类似于股票投资。

2014年，以太坊开发了ICO融资方式，各种区块链项目的募集开始火爆起来。进入ICO时代之后，普通投资人可以通过公募的方式参与区块链项目的投资，这个时候，区块链项目投资的各种方法论就慢慢出现了。总体来说，区块链领域的项目可以分成几大类型。

第一种类型是服务型项目。矿机、矿场、矿池基本都属于这个领域，同时交易所、钱包、媒体、投行、行情软件等也都可以划分到这个领域。这个行业的特点是，与区块链在技术的层面关联不大，但同时是这个行业不可或缺的一部分。大部分区块链领域的服务型项目，都获得了股权类的风险投资。有趣的是，尽管区块链行业的技术还不太成熟，但是区块链相关的服务行业已经被各路资本迅速地催熟。例如交易所领域国内的火币、OK、ZB等大所已经覆盖了大部分市场。钱包行

第1章
什么是区块链

业也是由 Imtoken、Kcash 和比特派三大钱包垄断了市场的主要用户。

第二种类型是和区块链技术相关的项目，公链就属于这个范畴。其大致可以分为区块链底层技术和协议（包含平台路由和加密算法、共识机制等）和中间层协议（协议的封装，提供开源或者商业 API 接口，还有一些平台类服务）。

第三种类型是应用层的相关项目。这个领域的项目最多，也是用户比较容易看得见和理解的行业。根据行业的不同可以划分为金融、版权保护、法律、游戏、社交、物联网等。

区块链项目的投资逻辑和传统股权的投资逻辑大同小异，主要还是关注项目的模式、项目的团队以及市场竞争这几个维度。

项目模式主要包括项目的创新性、项目的技术领先性以及项目的商业模式的落地可能性等几个方面。

项目团队则是考察项目团队的技术背景、技术能力、行业口碑、行业地位等几个维度。过去的股权投资大部分是以应用为导向，而区块链项目大部分以技术为导向，就像 1994 年的互联网时期一样。发生在这个世界的故事是一波一波地在重演，第一代互联网创始人基本都是在 25～30 岁开始创业的，如果把那个时代平移 30 年来看，现在优秀的项目团队大部分都是 90 后，因为这个年龄段的人是最有创造性和最不受束缚的。

以太王国：
　　区块链开启薄组织时代

　　项目团队还有另外一个特征，就是分布式办公。过去的项目有国别限制，大部分项目是在某一个国家创立，然后往其他地区辐射。而现在不同了，因为比特币被全球的人们所接受，区块链项目能够覆盖的范围是全球化的。因为分布式办公，投资人在看项目的时候也大多采用远程的方式开展工作，比如视频会议、远程访谈、远程项目尽调等。技术手段的变化，对投资机构也提出了新的要求，尤其是需要投资海外项目的时候。第一，投资团队需要分散在全球各地，当地的团队去了解当地的项目，再通过投委会一起决策。过去很难做到，只能委托给海外投行等外包服务商，他们只能提供最基础的服务。第二，我们自己配置的投资人需要有国际化的背景，知道所在国国情、项目属性、文化特征，再结合自己的逻辑和跨国经验来投资项目。事实上，在中国，能够做区块链国际化投资的团队比较少，国内现在至少有 1000 个 Token Fund，其中能真正做国际化项目投资的大概 20～30 个。

　　市场竞争考察的范畴主要包括行业的市场竞争的情况。比如，现阶段如果还有创业团队在对标以太坊的方向进行公链的研发，实际上已经没有投资的价值了。整个公链领域已经进入了踩踏的阶段，底层公链的重复建设已经太多了。如果只是在以太坊模式的基础上，瞄准 TPS 的提升，已经没有太大的投资意义。

第 1 章
什么是区块链

　　从披露的信息来看，不管是传统的老牌 VC 机构还是新兴的区块链 Token Fund，区块链行业的投资基本上席卷了整个投资行业。美国老牌的 VC 机构如红杉、IDG、德丰杰等都早早地进行区块链行业的股权投资，甚至还成立以美元为计价基础的比特币基金，进行区块链项目的投资。当然，其很大一部分的原因是，很多 ICO 项目募集的是比特币和以太坊，用美元没有办法进行投资。新兴的专注区块链的投资机构也有很多表现不错，如 The Blockchain Capital、Metastale 和 Polychain 等，在区块链领域的投资也取得了非常好的成绩。中国国内的投资机构如九鼎投资的嗅觉也是非常的敏锐，作为持牌的投资机构，第一个发起了自己的比特币数字货币基金。随后真格、经纬等机构也陆续加入了战场。

　　关于区块链项目的估值逻辑，一直存在比较大的分歧。区块链的项目，一般在成立初期就开始 ICO 融资，其阶段好比股权领域的天使融资。股权项目在天使阶段的估值一般在 3000 万元人民币左右。而区块链的项目，一般 ICO 融资的估值可以达到 3 亿元人民币左右。这就好比，一家企业在刚刚创立的时候，就进行 IPO 融资，而且估值也同 IPO 时候的企业估值相当。这样的估值逻辑对于传统股权的投资人来说是难以接受的。对于项目创始团队而言，项目在刚创立的时候，就能够一次性把需要的所有资金融资完毕，此后再不用操心融资的事情，可以认真地做项目,这是非常美好的事情。正是因为这一点,区块链遭到很多人的诟病,认为行业泡沫太多、太大。

  区块链虽然还处于发展初期,但我们知道,历史总是在不断重复。国内外很多著名软件公司、游戏公司、互联网公司都起步于2000年那个互联网泡沫的年代,但最终还是成长出一批优秀的企业。

第2章

以太坊的诞生

> 在……比特币起步的时候，那位匿名的魔法师渴望检验两个命题：一是免信任、去中心化的数据库……二是一个能够免去中介、让价值在全球流动的强健交易系统。但是，过去五年的沉痛教训证明了我们需要一种被他忽视的功能：一种足够强大的图灵完备的脚本语言。
>
> ——Vitalik Buterin（2013 年）

2.1 天才少年成长记

神秘的中本聪虽然找不到，但他的继任者出现了，一个名叫 Vitalik Buterin 的俄裔加拿大少年。在区块链的世界里，他在中国被人们称为"V 神"。如果说"神秘"是中本聪的代言词，那么"天才少年"一定是 Vitalik 的代言词。

1994 年的冬天，俄罗斯计算机科学家 Dmitry Buterin（德米特里·布特林）迎来了他的爱情结晶——Vitalik。Vitalik 的童年大部分时间是在莫斯科的科洛姆纳，后随家人移民加拿大的多伦多。他的天赋异禀很早就开始显露。三年级的时候，他被安排进了一个"天才"班，主要学习数学、编程和经济学等科目，有人戏谑他长了一颗外星人的大脑，因为这个发达的大脑能够运算三位数字的乘法，速度是一般人的两倍。

第 2 章
以太坊的诞生

与很多小男孩爱好游戏一样，Vitalik 小时候喜欢玩魔兽世界。2010 年的一天，暴雪公司决定移除损坏部分，他辛苦练成的虹吸魔法被碎化，从那时起他开始意识到中心化服务的弊端。可以说，童年经历对他的技术信仰产生了深远影响。他曾在机器人大赛中说："计划给每个机器人一个自由功能，让它们独立行动，从而最大限度实现自己的目标。"

2011 年，父亲把自己发现的新奇玩意——比特币，介绍给了 17 岁的 Vitalik，起初 Vitalik 没看上眼，觉得比特币没什么用。但不久后，他开始思考"我如何赚到一些比特币？"于是，他开始为《比特币周报》（*Bitcoin Weekly*）撰写文章，探讨比特币的技术发展以及潜力。每篇投稿可获取 5 枚比特币作为稿费，依当时汇率计算，价值仅有 4 美元，尽管 Vitalik 自己估算时薪大约只有 1 美元，但他乐此不疲。正是这第一份兼职，让他对比特币深深着迷，其后他创办了《比特币杂志》（*Bitcoin Magazine*），并亲自撰文，一发不可收地沉迷到了加密世界，陆陆续续发表了几千篇文章。兴趣是最好的驱动力。2012 年，《比特币杂志》大量印刷，被业界称为第一批专业的加密货币出版物。从此，他拥有了加密世界里意见领袖的地位。

2013 年，和比尔·盖茨、扎克伯格一样，Vitalik 在进入滑铁卢大学一年后选择退学，那时的区块链、加密货币还处在萌芽状态。他说，每周要花费 30 个小时参与加密项目，时间真的不够用，所以就退学了，他要把时间用在最令他着迷的地方。之后，他开始周游世界，结交各种加密极客，调查加密项目。也就是在那时，他开始为以太坊的问世做准备。在一次访谈节目中，他还说到自己对社会类科幻小说感兴趣，尤其是那种探索复杂系统的，比如人们如何互动，政治和经济系统如何运行，以及它们是如何失败的。

2.2 划向理想国的白皮书

2014年1月，美国迈阿密正在举行北美比特币大会。Vitalik和十几个被他所写的以太坊白皮书吸引来的程序员、投资人，还有比特币信徒聚集到了一起。

他们为什么会来这儿聚集？这还要从2013年5月的一场会议说起，那次会议改变了这一群人的一生……2013年5月，Vitalik作为《比特币杂志》的代表前往加利福尼亚州圣何塞市参加一个会议，世界各地的比特币爱好者们悉数前往参加。那是一个生龙活虎、热闹非凡的会议现场，展台上演示着各具特色的新款硬件钱包、商家支付平台和比特币自动取款机。这群狂热的人们发现比特币就像着了魔一般以牺牲睡眠、工作为代价，投入了数月的研究，甚至放弃了原来的工作，追随着比特币的发明者中本聪的指引。

第 2 章
以太坊的诞生

Vitalik 事后回忆，曾说："那一刻，我相信这件事是真的，值得冒险和投入。"在学期结束的时候，他辍学了，开始跑往世界各地，前往以色列、伦敦、洛杉矶、旧金山、阿姆斯特丹和拉斯维加斯，找到那些试图把比特币做得更强大的人。Vitalik 对区块链技术价值的信仰与日俱增。虽然比特币具有网络效应的优势，但它有一个巨大的缺点：出于安全原因考虑，中本聪用一种过时的编程语言编写了比特币协议，这种语言有意限制了交易的复杂性。Vitalik 意识到比特币这一弊端，认识到如果有一个图灵完备的编程语言，就可以实现所有想要得到的数字服务，不仅仅在财务应用上，而是可以复制一个 Facebook，重组股票市场，甚至建立一个完完全全的、超越任何政府实体管辖范围的数字化公司。

Vitalik 回到多伦多的家中，用了不到一个月的时间将他的想法写进了白皮书，他要打造一个全新的开源的分布式计算平台，使人们开源地在平台上建设各种智能合约和应用，并起了一个名字：Ethereum（中文名"以太坊"以及白皮书中文版的翻译是由刘嘉陵和鲁斌完成的），他把这篇论文发给了 15 个朋友，这些朋友随后进一步传播了这篇论文，大约 30 个人联系上 Vitalik 想要讨论这篇论文。

文章发表后，Vitalik 一直等待负面评论和其他人的挑战，但当时并未发生。"当我想到以太坊的时候，我的第一个想法是，好吧，这件事太好了,不可能是真的,我找了5位专业的密码学家来'批判'我,告诉我,我是多么愚蠢,我遗漏了多少明显的缺陷。"Vitalik回忆道,"两周后,我对什么都没有发生感到非常惊讶。事实证明,以太坊核心理念是好的,从根本上说,是完全的、健全的。"

不仅如此,其间还发生了一些夸张的小插曲。比如,一位加密货币爱好者StephanTual(史蒂芬·蒂阿尔),偶然机会发现了Vitalik的文章,拿过来一读,就摔倒在地上,张着大嘴说:"这家伙真是个天才,我要为他工作!"最终,他如愿以偿,加入了Vitalik的团队。

几个月后,那些真正赞同这个想法的人飞到迈阿密参加比特币会议,在那里他们中的许多人第一次见面。Vitalik在讲台上描述了以太坊,观众为他起立鼓掌。当他离开讲台的时候,他被一群相信以太坊可能提供下一个解决方案的比特币迷们围住了。会议之后的几个月里,几个联合创始人决定通过以太坊网络上的本地代币进行众筹。他们从密码学社区筹集了超过31000个比特币,并用这笔钱在瑞士建立了一个非营利组织,叫作EythUnFund基金会,它负责监督以太坊开源软件的开发。

2.3 组建跨国的初创团队

乔布斯说,创业的成败取决于最早加入公司的前十个人。

第 2 章
以太坊的诞生

初创团队的小规模不一定是真正意义上的小,更是突出在"小得精"。以太坊的初创团队正是一个全明星阵容的小团队,有灵感的、有天赋的人聚在一起,共同解决某个面向未来的难题。

在迈阿密的北美比特币会议后,以太坊的世界级加密货币团队形成了。之所以说是世界级,一是他们来自不同的国家和不同的行业,另一个则是他们大部分都是某个领域或者多个领域的杰出人物。灵魂人物 Vitalik Buterin、密码学家 Charles Hoskinson(查尔斯·霍斯金森)、比特币信徒 Joseph Lubin(约瑟夫·卢宾)、程序员 Gavin Wood(加文·伍德)、黑客 Jeffrey Wilck(杰弗里·威尔克)以及慧眼识珠选中 Vitalik 一起创办《比特币杂志》的 Mihai Alisie 等。了解他们的背景也是一件有趣的事情。

- **密码学家 Charles Hoskinson**

Charles 是一位创业者和密码学家,从事比特币生态系统的风险投资。他创立过比特币教育项目(Bitcoin Education Project)和 Invictus Innovations。他喜爱经济学、钟表学和大规模网络开放课程(MOOCs),以及对象棋和战略游戏充满热情。

Charles 曾经提及当初加入以太坊的情形:那是在 2013 年,Anthony Di Iorio 告诉他,有一个叫 Vitalik 的 19 岁小孩,写了一份看上去不错的白皮书。于是在读完这份白皮书后,他认识了 Vitalik。2014 年 1 月,迈阿密的北美比特币会议召开,Charles

51

> 以太王国：
> 区块链开启薄组织时代

和以太坊其他创始成员，包括 Vitalik、Di Iorio、Joseph Lubin、Gavin Wood 见面并正式启动了以太坊。现在业内的很多响当当的人物在当时都没什么名气，但就这样，以太坊在那时诞生了。

不过，Charles 在以太坊的时光很短暂，创立以太坊不久，Charles 与 Vitalik 就以太坊的组织形态产生了分歧，Charles 希望以太坊通过获得风险投资家的资金成为一个营利性实体，Vitalik 则希望该项目成为非营利和开放源代码的分权治理组织。在以太坊组织形态的意见分歧之下，2014 年 6 月 Charles 便离开了。随后，Charles 创立了一个新的开源项目 Cardano，很像以太坊区块链，它可以帮助在区块链上运行计算并使用 ADA 加密货币，成为以太坊直接的竞争对手。

· 比特币信徒 Joseph Lubin

早年对科幻文学和密码朋克文学很痴迷，在华尔街工作过，开发过证券外汇交易软件，创办过基金公司并收获了斐然的业绩，2011 年开始投资比特币——这是比特币信徒 Joseph Lubin 的一些经历标签。

2014 年当他看到以太坊白皮书时，坦言"Vitalik 的白皮书是我见过最好的白皮书"，随即被吸引成为以太坊初始团队中的一员，担任首席运营官。但不到一年时间，因为组织形态的分歧离开了以太坊，随即创办了 ConsenSys（区块链解决方案提供者）。

第 2 章
以太坊的诞生

　　ConsenSys 就像一个孵化器，涉足身份管理、房地产所有权、商品交易和法律协议等基本商业领域，所有孵化的项目都在以太坊平台上运行。人们都说，Joseph 是一个纯正的以太坊信徒，因为他四处传播着这样的信念——区块链改变世界的未来，也是企业级应用的倡导者，还不断地试图推动以太坊进入企业应用，虽然遭遇到各式各样的反对和挑战，但仍然无法动摇他这一信念。

- **程序员 Gavin Wood**

　　英国约克大学计算机科学博士，天才程序员，一度被媒体称为以太坊的"隐形大脑"，为人低调、神秘，但技术地位举足轻重；擅长学习语言，能玩转英语、意大利语、法语、西班牙语；爱好游戏，是著名桌游 Milton Keynes 的设计者；还爱好跆拳道、滑雪等体育项目；据说他还是视觉音乐博士以及 CD RiplnPleace 的编写者。他就是来自英国的 Gavin Wood。

　　物以类聚，人以群分，自然而然地，Gavin Wood 会被同类人 Vitalik 所吸引，投身以太坊。Gavin 在接受媒体采访时曾回忆当年的情形："2011 年，我第一次听说比特币，一开始也没有特别的感觉和兴趣。当 2013 年我再次研究比特币的时候，发现了一些与众不同的东西——一种不用信任实体就能在经济层面传递信息的强大手段，于是我不可自拔地迷上了区块链技术。后来，通过朋友介绍认识了 Vitalik，顺理成章加入了以太坊。"Gavin 是这样形容以太坊的"And Ethereum has dominated my life since"（此后以太坊主宰了我的生活）。

随后的故事就是一个天才程序员的代码开挂历程，Gavin 编写了《以太坊黄皮书》，完成了包括以太坊早期 C++ 版本客户端、Python 原型展示客户端、基于 Go 语言的官方客户端 Geth 在内的一系列开发任务。2014 年到 2015 年的两年时间里，Gavin 主导了以太坊的原型设计、系统开发以及最后版本的测试发布。在他眼里，以太坊是一个有趣的项目，做以太坊编程就是把它当成一个练习，在练习的过程中自学了区块链技术。这也说明一件事，凡事直接上手做，在做中学，比先学后做效率可能更高，也更容易抓住一些机会。他并没有料想到以太坊后来会发展得这么好。当时的模糊想法是，通过一起合作将以太坊平台发展壮大，然后从基金会发展为公司。但是最终，只有他这样做了，离开以太坊基金会后，成立了公司做 Parity 并发起名噪一时的 Polkadot 项目。在做 Parity 期间，他很遗憾没有继续作为生态系统的架构师，但即便离开了，他还在继续为以太坊和整个生态系统做贡献。时至今日，有些人认为，Polkadot 在未来会成为以太坊正面的竞争对手。

2.4 以太坊起航

如何实现 Vitalik 在以太坊白皮书所描绘的愿景，是以太坊

第 2 章
以太坊的诞生

这个新团队所面对的第一个挑战。为了创建一个合适的基础结构和法律策略，团队进行了长期、多层面的讨论，大家一致认为预售以太币是一个好办法，于是以太坊迎来了第一个重要的时刻。

伴随着以太坊社区成长、写代码、写 wiki 内容、商业基础结构和法律策略的初步完成，2014 年 2 月，Vitalik 在迈阿密的北美比特币会议上第一次公布了以太坊项目，并在 Reddit 上举办第一次"问我们任何事儿"活动，让核心开发团队作为世界级的密码学货币团队首次亮相世界。迈阿密会议后，Gavin Wood 和 Jeffrey Wilcke 也从以前完全出于兴趣为以太坊开发 C++ 和 GO 客户端，变为全职投入以太坊的建设工作中。

接下来的 4 个月里，以太坊发布了多个测试网络版本（POC3、POC4、POC5），客户端支持 7 种编程语言，包括 C++、Go、Python、Java、JavaScript、Haskell、Rust 等，软件性能开始得到优化。期间，创始团队发生了一件大事，大家就以太坊应该成为一个什么样的组织发生了分歧，最终决定将以太坊做成一个非营利性组织。2014 年 7 月，团队创建了瑞士以太坊基金会，并在 7 月 24 日开始了原定两月的创世纪预售，同时在 Reddit 上组织了第二次"问我们任何事儿"活动。

从 2014 年 7 月 24 日起，以太坊进行了为期 42 天的以太币预售，预售成绩是让人惊叹的，一共募集到 31531 个比特币，

以太王国：
区块链开启薄组织时代

按当时的比特币价格计算折合 1843 万美元，是当时排名第二大的众筹项目。而预售时所使用的比特币地址（36PrZ1KHYMpqSyAQXSG8VwbUiq2EogxLo2），在比特币区块链浏览器里可以看到每一笔转入和转出。预售前两周，一个比特币可以买到 2000 个以太币，离结束时间越近一个比特币能够买到的以太币数量越少，最后一周，一个比特币仅买到 1337 个以太币。最终售出的以太币的数量是 60102216 个。另外还有 0.099x（x = 60102216，为发售总量）个以太币被分配给在 BTC 融资之前参与开发的早期贡献者，另外一个 0.099x 将分配给长期研究项目的参与者。所以，以太坊正式发行时有 60102216 + 60102216 × 0.099 × 2 ≈ 72002454 个以太币。自上线时起，在 PoW 阶段，计划每年最多有 60102216 × 0.26 ≈ 15626576 个以太币被矿工挖出。1～2 年内转成 PoS（权益证明机制）后，每年产出的以太币将大为减少，甚至可以不再增发新币。

2014 年的秋季是以太坊第一个小有收获的季节，代码贡献和社区运营方面都取得了很大的进展。2014 年 10 月 5 日以太坊发布了 POC6。这是一个具有重要意义的版本，它极大地提升了区块链速度。区块时间从 60 秒减少到 12 秒，并使用了新的基于 GHOST 的协议。同年 11 月，以太坊在柏林举办了第一次小型开发者会议（Devcon0）。

2015 年 1 月和 2 月，团队连续发布了 POC7 和 POC8。3 月

第 2 章
以太坊的诞生

团队发布了一系列关于发布创世纪区块的声明,同时 POC9 也在紧张开发中。5 月,团队发布了最后一个测试网络(POC9),代号为 Olympic。为了更好地对网络进行测试,参与这次网络测试的成员都获得了团队给予的以太币奖励,主要包括测试挖矿奖励和提交 bug 奖励。

2015 年 7 月,在经过近两个月的严格测试以后,团队发布了正式的以太坊网络,这也标志着以太坊区块链正式运行。以太坊的发展规划分为四个阶段:Frontier(前沿)、Homestead(家园)、Metropolis(大都会)和 Serenity(宁静)。在前三个阶段,以太坊共识算法采用工作量证明机制(PoW),在第四个阶段会切换到权益证明机制(PoS)。

2015 年 7 月 30 日,以太坊发布了"前沿"阶段,这是以太坊的最初版本,它并不是一个完全可靠和安全的网络,只是一个用于挖矿的界面和一种上传和执行合约的方法。Frontier 的主要用途是,将挖矿和交易所交易运行起来,从而社区可以运行挖矿设备,并开始建立一个环境供人们在里面测试分布式应用(DApps)。由于"前沿"阶段的以太坊客户端只有命令行界面,没有图形界面,所以该阶段主要面向开发者。随着 Frontier 的发布,以太币也开始在世界各地的交易所进行交易。2016 年初,以太币的价格开始暴涨,以太坊的技术实力开始在市场上得到认可,吸引了大量开发者以外的人进入以太坊世界。另外,在

57

此阶段每年被矿工挖走的以太币大约为 1000 万个，少于最初计划的每年 1500 万。

2015 年 11 月 9 日到 13 日，以太坊在伦敦举行了为期五天的开发者大会（Devcon1），吸引了全世界三百多名开发者参加。

2016 年 3 月 14 日，在圆周率节的特殊日子里，以太坊发布了"家园"阶段。"家园"阶段与"前沿"阶段相比，没有明显的技术性里程碑，以太坊网络已经平稳运行。在此阶段，以太坊提供了图形界面的钱包，易用性得到极大改善，以太坊不再是开发者的专属，普通用户也可以方便地体验和使用以太坊。

2017 年 10 月 16 日，以太坊按照原定计划于第 437 万个区块高度进行第三阶段"大都会"的升级，大都会包含"拜占庭"（Byzantium）和"君士坦丁堡"（Constantinople）两个硬分叉。但事实上，早在 2017 年 7 月升级测试就开始了，以太坊的开发人员遇到了多个障碍，导致"君士坦丁堡"的激活延迟。虽然以太坊社区每次都希望升级可以顺利进行，但在硬分叉问题上，总是会存在很多不确定性。

2018 年，开始有更多的人、企业使用以太坊技术，但是距离大规模使用还有一定的距离。这一年，以太坊 2.0 的"宁静"路线路开始固化，从研究逐步走向工程实施，扩容之路走得极其艰难。随着各种开发工具的涌现，在以太坊上构建应用程序

第 2 章
以太坊的诞生

变得更容易了。全球各地以分享实践为目的的社区活动发展得如火如荼，多样化的 Meetup（线下聚会）、黑客松成为一种常态趋势，全球社区的人们开始寻求相互合作。

2019 年初，迎来了"君士坦丁堡"和"圣彼得堡"（St. Petersburg）的双分叉，这次升级标志着以太坊正式迈向 2.0 的"宁静"阶段。

2015 年到 2016 年，以太坊上没有用户，没有多少开发工具甚至应用程序，到 2018 年，以太坊的主网上出现了真实的应用程序，并且拥有了用户，虽然群体很小，但是人们曾经观望、认为可能发生的事情正在一点一滴地出现。迈入以太坊 2.0，也就是第四个阶段——"宁静"阶段，以太坊将把网络从 PoW 转换到 PoS，这一实质性的转换是一个长期过程，技术进步是曲折的，社区的进化也是复杂的，实验、教训、难题，一个也不会少。Vitalik 认为，在经历了几年的磨炼后，如今各团队都达到了最高的生产力水平，积极迎接以太坊 2.0 的到来。

尽管以太坊的去中心化、网络效应、丰富的开发者工具、庞大的社区规模为它创建了一条护城河，但它仍然需要面对日益激烈的竞争环境和层出不穷的竞争对手，比如 EOS、Polkadot 等。曾经是中国以太坊技术社区 EthFans 发起人的吕国宁，跟我说起他正在创业的项目 Nervos 时，比较了 Nervos 与以太坊的关系，他说，"作为平台，在考虑协议设计的时候需要平衡好用户的诉求和开发者开发 DApp 的诉求。以太坊用一个平台同时服务用户和开发者，导致以太坊的共识、经济模型、扩容机制无法同时对用户和开发者进行针对性优化，在二者之间摇摇摆摆走钢丝。而 Nervos 跟以太坊走了不一样的道路，提出了分层的架构设计思想，在底层保障系统的安全和信任，在二层针对不同的用户需求去定制和优化，从而最大限度解决了技术扩容难题，释放区块链的价值和潜力。"或许，日益增多的竞争对手也可能成为助推以太坊改善平台的驱动力，未来，只有时间才能证明以太坊是否能走得更远。

2.5 以太坊的中国缘

在以太坊的发展历程中特别有意思的是，伴随着以太坊的预售、发展、危机，Vitalik 每一次都将目光投向了中国，因为这里有着他无法忽视的市场。

"我第一次来中国是 2014 年 5 月。那时候，我只看到了矿工和交易所。矿工和交易所已经很强，比如说火币和 OKcoin 已经有 70 多人，但是除了这个公司以外没有很多有趣的东西。" Vitalik 曾在论坛里这样表达自己第一次到中国的感受。当时区块链在中国国内并没有那么火热，所以火币、OKcoin 两家数字货币交易所的迅速发展格外引人注目。Vitalik 的这次中

第 2 章
以太坊的诞生

国行,为以太币的预售探风试路。此行后的两个月,以太坊开放为期 42 天的以太币预售,一共募集到 31531 个比特币,这其中就有不少中国投资者参与。

2015 年 5 月,以太坊发布了测试网络 Olympic,此时,Vtialik 又一次来到中国,这一次是寻求与中国资本力量的合作。"我第二次来中国是 2015 年 5 月。我待在沈波的上海公司,那时候他在做比特股上的众筹平台。我觉得这是在中国'crypto 2.0'概念的开始。"Vitalik 描述他的第二次中国行。他提到的"沈波的公司"就是万向旗下的一家名为"分布式资本"的区块链投资机构,Vitalik 在那担任合伙人、顾问,这种深度参与也引来了后来的质疑"合伙牟利",2019 年年初 Vitalik 在个人的 Twitter 上公开回应了此事:"在我们需要现金流生存之际,在其他人都没有伸出援手的情况下,2015 年他们购买了 50 万美元的 ETH 来拯救基金会,作为投资者把钱投入以太坊项目中。"而 Vitalik 为分布式资本所做的事,主要是提供加密方向建议、技术演示、在会议上发言、推介一些项目比如 Augur、Parity 等。

第三次来到中国是在 2018 年 6 月,Vitalik 出席由全球开发者社区 CSDN 主办的"第一届以太坊技术及应用大会",并发表主题为《Casper 与分片技术最新进展》的演讲。演讲中他反复提到两个关键词:算法与分片,并表示 Casper Pos/ 分片技术未来能够提升以太坊网络交易速度,实现更高的 TPS(系统吞

以太王国：
　　区块链开启薄组织时代

吐量)、更低的交易费用。在这场大会的前一天，EOS 的 BM 发布了 EOSIO v1.0.1 版本区块链操作系统 EOS。作为当时都炙手可热的项目，有不少人认为 Vitalik 选择这个时间节点在中国宣布交易速度和费用的革新，目的之一或许在于增强中国用户对以太坊的信心。

同年 9 月，Vitalik 以万向区块链首席科学家的身份第四次来到中国，亲临上海区块链国际周现场，与中国的极客朋友进行了一场主题为"区块链技术的新发展"的技术分享。会上他表示，以太坊尚存在很多机制漏洞，自己也正尝试通过新技术解决当前行业面临的痛点与难点。时值以太币跌幅达到 75%，Vitalik 的发言几乎都跟技术有关而没有提及币价。区块链周刚结束，以太坊上涨了 14%。

2019 年 6 月，Vitalik 和以太坊基金会的核心开发者们参加了第二届以太坊技术及应用大会，详细介绍了以太坊 2.0 的构想和发展情况，Vitalik 从"现在的链和分片的链、以太坊 2.0 的设计、异步交易、'火车票和酒店'的问题、'猛拉'的方式、通过类似 Plasma（区块链扩容技术）的方法做同步交易、提高交易的确认速度不需要提高区块的速度"等方面展开了演讲。

Vitalik 频繁地来到中国参加活动，除了收获资本上的合作外，还收获了大量粉丝。有人甚至说，他的中国行记录，就像在书写以太坊的发展史。

第3章

以太坊非正式组织结构：非营利性基金会+社区

以太王国：
区块链开启薄组织时代

> 在快速、激烈的环境下，有能力把支持开放性和实验性的条件与提供方向和内聚力的结构结合起来的组织，更容易获得成功。

以太坊目前拥有区块链世界里最庞大的社区。Electric Capital（加密资产管理公司）发布的2018年公链开发者调研报告中，无论是总体数量还是单月开发者增长数，以太坊都遥遥领先于其他的区块链项目，即便是在2018年币价一泻千里的情况下，仅仅是以太坊核心协议部分的开发者，从每月190名增加到每月240名，平均每月有216名开发人员向以太坊的repos贡献代码，这不代表以太坊所有开发者的数量，因为还不包括像Truffle这样的生态系统项目，也不包括那些向网站、文档等贡献代码更新的人。

以太坊的组织创新，正是打破了依靠唯一的某一个人或者某一个小团队的传统模式，构建了动态的人员结构和可添加式目标，将占有中心地位的"职位"变成了"项目"。同时，以太坊在技术上创造了支持开放性和实验性的基础条件。这一切的动作形成了提供方向和内聚力的组织结构，从而吸引来自全球各地众多的开发者开展广泛协作。一种不断积累和进化的社区共识力量正在逐渐增长，一步一步地去实现Vitalik所描绘的蓝图。

第 3 章
以太坊非正式组织结构：非营利性基金会 + 社区

2018 年 10 月初，Vitalik 在 Twitter 上表示，"就算没有我，以太坊也绝对会存活下去"，表达自己退居二线的想法。这番话在区块链圈引起一阵大骚动，一些人开始担心，作为以太坊灵魂人物的 V 神如果真的离开，以太坊是否还能保住区块链行业的龙头地位？当 Vitalik 被问及将来是否会退居二线时，他不仅表示"已经在进行中了"，还说，"现在大多数研究工作都是由以太坊核心研究员 Danny Ryan（丹尼·里安）、Justin Drake（贾斯汀·德雷克）等人完成的。"事实上，作为目前区块链最成熟底层架构平台的以太坊，早已不是 Vitalik 的"一言堂"，而是由许多开发者共同支撑起来的繁荣开源社区，从 2018 年的以太坊年度开发者大会（Devcon4）活动现场能感受到开发走向分散化的趋势越来越浓烈。

是什么让以太坊能够具备如此的活力和弹性，能够海纳百川？满眼所见的是"丧失权力等级"的组织结构、"看上去很弱"的正式流程、"混乱的"社区争论……都与我们司空见惯的有明确设计与安排的公司组织大相径庭。

3.1 以太坊的组织结构：去中心化的搭建

去中心化是在区块链领域出现得最多的一个词，最直接的解释是，没有任何的单一个体可以对交易的处理进行控制。去

以太王国：
　　区块链开启薄组织时代

中心化组织不是由一组人通过法律系统进行人与人之间的交互和控制财产管理的层次结构，而是由一组人根据代码中指定的协议进行交互，并在区块链上强制执行。

如果绘制一张以太坊系统的组织架构图，传统的公司组织结构图完全无法套用，因为公司是有中心的，而以太坊摒弃了中心，像是一个没有结构的结构。我想那会是一堆不规则分布的散点和彼此多向连接的画面。

如果从空间角度进行分层，以太坊社区由内而外、由上层应用项目到底层架构，可以粗略分成三层，每一层之间没有隶属关系，而是平等关系。

第一层是创始人 Vitalik 和以太坊基金会，权且当作公司制下的核心管理团队组合去理解。但事实上在整个生态系统里，他们都不是网络中心，而且越来越不居中，他们最多在起点的位置上曾经当过短暂的中心，Vitalik 像是一个楔子（小说的引子），以太坊基金会像是一个包容性的连接点。

在基金会"管理"下的核心开发者们分散在世界各地，专职投入基础设施协议的研究与开发。这种"管理"并非传统的管理，基金会更像是一个引导系统，发挥着穿针引线的作用。以太坊里众多模块的开发，都是由开发者们协商决策和推进，社区才是真正的老大。在各类开发项目中会有小组，小组里有组长，但是组长并不拥有权威性和一票否决权，因为官职在这

第3章
以太坊非正式组织结构：非营利性基金会＋社区

里是个稀罕物，没有真本事、没有更多贡献和更高声誉的领导者很可能会被人们的口水淹没，甚至被赶下台。

第二层则是来自基金会以外，是同样投入底层架构的"外围"开发人员。"外围"这个词之所以打引号是因为其使用并不那么准确。由于以太坊是一个完全开源的生态体系，所以世界各地的开发人员只要有兴趣，都能够以各种形式参与开发建设工作中，他们有可能是在以太坊生态公司里为以太坊添砖加瓦的贡献者。

第三层是搭建在以太坊底层架构之上的各种上层应用项目开发。市面上大部分的项目都是基于以太坊开发的，这些开发者可以不直接参与底层架构的技术推进，但他们所做的东西会是生态系统中的一部分，可能是个完整的产品，可能是个小小的工具，可能是某个功能模块，可能是个教育课程，可以是一切对迈向以太坊2.0宏伟蓝图的任何部分，只要你能想象到。

从最初一封白皮书吸引的几位联合创始人和十几位慕名而来的开发者，随着一个又一个台阶的实现，个人、团队、公司、非营利性组织都在源源不断地加入这个生态系统中，并且彼此产生关联和交叉。这种富足的资源交换促使了整体智慧的汇聚，也构成了整个社区生态的繁荣。所以，以太坊的组织架构，是一个没有权力结构的、去中心化的网状架构，不属于任何一个人、一家公司或组织，而是社区共同所有的。

67

以太王国：
区块链开启薄组织时代

以太坊的去中心化，我们还能在下一代的以太坊，也就是被人们称为的以太坊 2.0 中初见端倪。以太坊 2.0 是一个雄心勃勃的蓝图，早在 2014 年就被提出，如今进入了紧锣密鼓的构建阶段。以太坊 2.0 被分为了四个阶段：Casper FFG（创建使用 Casper 算法的 PoS 网络）、数据分片、计算分片、系统优化（从 Casper FFG 到 Casper CBC）。

以太坊 2.0 工程并非由某一个企业负责，而是由遍布全球八个团队共同努力协作完成。从八个团队的构成属性来看，有公司，有基金会，还有独立开发者们，比如 Harmony 和 Trinity 就是由独立开发者们发起和实施的项目。八个团队也都有着各自的目标，比如 Lodestar 要将网络应用开发者吸引到以太坊的生态系统中，Pantheon 要让企业用户也能使用以太坊。

以太坊 2.0 的八个关键项目和建设团队

序号	项目名称	项目团队
1	Lodestar	ChainSafe Systems
2	Pantheon	ConsenSys 的协议工程小组 PegaSys
3	Harmony	Harmony 团队（"Ether Camp"独立开发者们）
4	Parity	Parity Technologies
5	Prysm	Prysmatic Labs
6	Lighthouse	Sigma Prime

第3章
以太坊非正式组织结构：非营利性基金会＋社区

续表

序号	项目名称	项目团队
7	Nimbus	Status
8	Trinity	Trinity 团队

值得一提的是，多个客户端同时开发，既相互竞争，又相互激励，大家形成了一个共识：多个团队同时开发一个系统在区块链领域是非常必要的。就像 Prysmatic Labs 的负责人 Jordan 所说："当你在开发这样一个区块链系统时，你希望的是这项工作本身也是尽量去中心化的。如果 Prysm 系统出了问题，矿工可以马上切换到其他的客户端系统，这样用户就有了多种选择。"

在以太坊去中心化的结构下，没有了权力中心，内部的正式流程自然而然也是丧失的。在过去的五年中，开发效率低下、职责不清等管理问题不断被人拎出来鞭打，有人提出是否要借鉴传统公司的治理结构或者有效监管手段来为以太坊设计一个正式流程，从而改善社区化的管理。换个角度想，在以太坊这样极度分散的网络中，一群人共享一套非正式的规则，粗略的社区共识取代了正式流程，看上去混乱，却也能发挥作用，推动整体前行。

对个人而言，在这种"混乱"的分散环境中工作，最大的好处是获得自主性，但你要能够很好地进行自我管理，因为大部分时候你都是一个人。以共识而不是自上而下的命令方式来做决策，需要更多的时间和更高的能力，比如学会倾听、提出不同意见、积极做出承诺、非暴力沟通都是需要的技能。

当然，并不是所有人都能适应这种"混乱"，有的人会无法忍受这种看似杂乱无章的状态，有的人会感到不知所措，有的人会觉得自己的技能在其他人面前相形见绌。如果你不想逃走，就留下参与这种互动式学习的机会。

3.2 运营机制：透明化治理

以太坊社区的包容性和多样性，体现在其是一个没有许可、透明、开放的空间。项目出现的任何微小变化，在社区内部可能也需要很长时间的反复争论，直至达成共识。这是以太坊社区坚持的一个思想：只有获得广泛的支持才可以做出决策，否则任何个人或组织都不能单方面推动协议的更改。而这种广泛性的基础正是透明化管理。透明化能最大限度地减少腐败和增加利益相关者的数量，缺乏透明度容易滋生幕后交易、不信任。

透明化管理最直接的表现是信息的公开，并通过公共渠道来沟通决策。TheDAO 事件中黑客攻击不久，以太坊发布了核心成员之间的对话记录，使得社区内更多的人能够直接查看团

第 3 章
以太坊非正式组织结构：非营利性基金会＋社区

队初始响应的决策过程。比如，以太坊核心开发者会议采用直播和录播并发布的形式，开发团队的沟通交流还经历过从 skype 迁移到 Gitter，都是为了方便公开，让所有的人都可以看到开发者的讨论，也更方便感兴趣的任何人加入讨论和围观。在以太坊魔法师联谊会的网站以及以太坊 GitHub 页面上，人们比较容易找到以太坊相关会议内容的文字及语音记录，了解项目各个环节的进度报告，可以清楚地看到各个团队的持续开发状态和遇到的问题。透明化体现的是更加开放和包容的参与过程，透明化带来了信息的公开，只有信息公开了，才能够最大限度地增加利益相关者的数量，才有利于更大范围的决策。

以太坊内部公开的资讯、讨论等信息也逐步被分散到更专业的众多子站点上，供不同需求的人们去查阅。他们不仅能看到以太坊基金会官网、以太坊改进协议（EIPs）栖息地，还能在 Reddit 以太坊论坛上看到关注价格和市场的 /r/EthTrader、讨论挖矿的 /r/EtherMining、研究投资新闻和发展前景的 /r/Ethinvestor、展现以太坊学派研究的 /r/Ethereumism 等。在 Gitter Rooms，人们可以进行日常聊天，也可以寻求开发者的帮助和支持，里面涉及 EIPs、以太坊研究（Research）、合约编程语言（Solidity）、开发者管理（Governance）等十几个聊天室。

透明化还带来一个好处，让所有需要解决的问题自由地漂浮起来。当有人决定要解决其中的某个问题时，每个人都愿意相信，解决者觉得自己有动力和能力去做好这项工作，在他遇到困难的时候其他人也会伸以援手。有一句话说得很好，对一个人来说是烫手山芋的事情，对另一个人却是唾手可得的樱桃。基于这种方式往往能产生质量较高的解决方案。

然而，追求透明化的过程也是让人抓耳挠腮的，这关系到每个人眼中的透明度是怎样的一个程度，以及每个人对透明的信息的理解程度。协调来自全世界各地的开发者之间的对话和工作是一件难度极大的事情，因此冲突是在所难免的。

以太坊的独立开发者 Lane Rettig（何连）提到过一个会议笔记引起的"透明化"争议：会议组织者在会议期间发布了一套标题为《请随意分享》的笔记，公开分享后希望以此展开持续的社区讨论，然后根据社区的意见最后形成一份建议，有参会人员手快地将笔记分享给了区块链媒体 CoinDesk，于是一篇关于一系列会议和路线图的文章出现在媒体上并得以传播，引起了一些没有参加会议的相关人士的不满，他们表达了对会议过程没有更包容和透明的失望。另一方面，核心开发者也常常会遭遇来自媒体对信息的曲解而倍感压力或者沮丧，有些批评者没有意识到他们所承受的压力，甚至断章取义给开发者带来困惑。这大概也是成长的伤痛吧！

无论如何，在以太坊这样一个贡献者形成的开放网络中，透明变得非常重要，每个利益相关者都是一个自主的参与者，

第 3 章
以太坊非正式组织结构：非营利性基金会＋社区

他们需要了解来自组织各个角落发生的事情，包括可访问的信息、讨论和文档。每个人都将在分散的组织独特的环境中找到一个更好的自己。但是这类组织不适合所有人，更适合对自治、隐私、开源和个人自由等价值观有信仰的人。

3.3 运营机制：开放式吸引

开放的生态系统使任何人都可以在一个平台上或为其他人在该平台上的工作做出贡献，并为他们的工作获得奖励。开放的更远大目标是吸引更广泛的想法，在由大量用户组成的网络中营造一个积极的反馈循环，鼓励开发人员的进入和贡献。因此，在这个快速连接的网络世界里，我们发现真正有限的资源是开发者的关注，项目如果失败了，本质上不会是因为机器、网络或办公场地，唯一原因就是开发者们不再感兴趣了。

就像以太坊自身的协议一样，先是允许开发者使用内置的经济功能和基础模块构建你所能想到的各类分布式应用程序，后是迎来了全世界个人、团体、公司、机构在以太坊平台上使用和开发上千个程序，应用范围涉及金融、保险、游戏、能源、身份、慈善等各个领域。有了以太坊背后协议的开放式基础，社区的开放式氛围吸引了大量的人，人们在这里开始大量交互、彼此影响。

以太王国：
区块链开启薄组织时代

以太坊是如何做到最大范围地开放？

首先，以太坊提出了一份像样的承诺。还记得首次露面时，那份吸引人的白皮书吗？最直观的承诺是一份优秀的文档，讲清楚项目逻辑、优势，跟同类项目相比的不同和参与贡献的逻辑、里程碑路径等。一个好的文档设计结构，是能告诉人们项目对社区的治理理念的。

第二，敞开参与的大门，容纳多种类型的个体和实体。以太坊从一开始吸引的主要是开发者群体，后来又扩展到多元化的参与者群体，企业家、设计师、科学家、经济学家、黑客、工程师、老师、学生、团队、公司、机构……无论你属于哪一种，都有权观察和参与以太坊的事务。虽然Vitalik和一小群开发者有能力影响以太坊的决策，但是没有一个人能够完全控制以太坊的未来。

第三，招募和激励有兴趣的成员形成有效社区，这是吸引力的核心。以太坊是一个自由市场，就像一个由很多利己个体组成的生态系统，系统中每个个体都追求自身效用的最大化，在其共生的过程中，自然建立起一种具备自我纠错和持续发展的秩序，这正是共识规则达成的地方。把每个开发者的利己动机尽可能牵系到一个艰巨的任务目标上，这个目标只有在众人持续的合作之下才能达成，这个目标不断激励大家对这个项目的兴趣，直到它能够自我维持下去。最理想的组织莫过于此，

第3章
以太坊非正式组织结构：非营利性基金会 + 社区

成员的加入是因为他们希望帮助组织达成目标，在这个过程中也实现自己的收益，包括酬劳、声望和理想。

第四，领导者的社交聚合性。以太坊的发起人 Vitalik 的做法是，经常会在各种会议上和大家聊天，在 Reddit 上回答大家的提问，尽量让大家都能接触到他，让不同社区里的朋友聚在一起，而他自己扮演了社交聚合者的角色。用 Vitalik 的话说："从经济学的角度看，这种行为有点像管理，但是又没有中心化控制的弊端。"事实上，整个以太坊社区都是如此。也许正是这种广泛的社交接触，人们对他个人魅力产生源源不断的推崇，甚至称他为以太坊的"大祭司"。在开源的环境中，领导者的这种才能和软件设计能力一样重要。为了建立一个开发社区，你需要让不同的想法传播开，需要吸引人们，让他们对你做的事情感兴趣，让他们乐于看到自己的贡献。

第五，权力下放。去中心化的世界里，没有权威，所以从基金会的设立开始，完整的等级结构就没有立锥之地。"Vitalik 希望人人都有能力去参与以太坊的运作、开发、研究。"社区成员说："他渐渐已经不会每件事情都插手，或者是每件事都给意见。"大规模的权力下放，使得来自社区的支持和贡献修建了以太坊的护城河。事实上，Vitalik 跟众多默默奋战的爱好者和贡献者一样，都是去中心化世界的一个节点。虽然，有很多的竞争对手在叫板以太坊，但大多数的区块链项目还是中心化指挥的公司模式，在开放性上无法比拟以太坊，在社区规模和吸引力上也难以超越。

第六，薄边界促进资源流动。以太坊的薄边界体现在开源、开放、透明。开源促使了代码的自由流动，公开透明的机制使得信息唾手可得，开放的去中心化结构使得人们可以自由进入穿梭、横向联系、相互影响，代码、信息、人才的资源可以宽松地在组织边界内外进出。这种动态的、低约束的跨边界互动，使得内外交换的数量增多、质量增强，从而有助于创造更大的价值。

3.4 以价值观创造共同语言：从"HODL"到"BUIDL"

以价值观创造共同语言，相当于专注于创造一种文化，在这种文化中，人们能围绕共同的目标相互支持，愉悦地工作。

在社区里，我们经常会看到大家大量地使用一个词——"HODL"，新人们难免开始怀疑人生，偷偷扪心自问，"难道我是学了假英语吗？"事实上，你并没有看错，它确实是拼错了，但是就是这个拼错的词语，却成了区块链世界的"江湖黑话"，就连高晓松都曾经打趣道："偷偷来学几句江湖切口，以免跟不上时代……"。

维基百科还给它设立了专门的词条：

Hodl（often written HODL）is slang in the cryptocurrency

第 3 章

以太坊非正式组织结构：非营利性基金会＋社区

community for holding the cryptocurrency rather than selling it.

HODL 这个词第一次出现，是在 2013 年 Bitcointalk 的论坛上，有个叫 GameKyuubi（格拉姆）的网友喝着威士忌发了一篇题为 *I AM HODLING* 的帖子。在帖子里面，他借着酒劲儿，吐槽自己买卖比特币的时机永远不对，还总有人说风凉话，最后一气之下，买了以后就拿着不动了，爱涨涨爱跌跌。一大段动人的话语引起了其他人脆弱内心的共鸣。于是，"HODL"一下子在整个论坛乃至整个区块链圈子都火起来了。

从那以后，故意拼错的单词"HODL"在加密货币中成为一个流行的术语。"HODL"不再只是一个缩略词，而是一种信念。不管是谁，只要想表达坚定持有的信仰，就一定会用"HODL"，以此彰显他澎湃的信念，"今天明天跌没关系，一天两天跌没关系，只要我拿着，总会涨起来的！""HODL"也成为加密货币的交易哲学——我们都在云霄飞车之上，购买，"长持"。当比特币或其他加密货币贬值时，"HODL"一词也会出现，并向加密货币持有者发出信息：不要卖掉呀。甚至于，凭借着群众的智慧，"HODL"还衍生出了新的解释：HODL—Hold On for Dear Life.（为了美好的人生，坚定地持有着。）

如果说"HODL"体现了比特币社区不管市场情况如何都对比特币的坚定承诺，那么后来从以太坊社区里衍生出的单词"BUIDL"则展开了另一幅画卷——一批不满足于将自己仅仅

以太王国：
区块链开启薄组织时代

限制在"HODL"之中的人们开始建造新天地。"BUIDL"反映了以太坊社区提醒人们：不沉溺于价格谈论之中，避免在价格攀升中陷入炒作和在价格下跌时陷入惶恐，更加专注项目路线建设本身之上，投入时间和资源创建基础设施和有趣的应用，让区块链彰显更大的价值，从而改变世界。当然，也会有一个现实的因素，比如当他们发现自己"加密资产富有但现金匮乏"时，又不想把钱取出来，如何在现实世界中消费和获得流动性？"BUIDL：当 HODLING 加密不再削减它时，你需要 BUIDL 一个真正的公司。"据说，Coinbase 已经在申请注册"BUIDL"这个知名用语的商标。

新词意味着创新。事实上，区块链创造了一批类似的新词，还有诸如 Wallet（钱包）、fork（分叉）、SPEDN（支付）……创办《全球目录》和 Long Now 基金会的斯图尔特·布兰德（Stewart Brand）在以太坊 Devcon4 上曾提出一个观点：产生新词汇的行业通常意味着发生大事。他描述了如何围绕一组共同的信念形成一个新的社区。对于成千上万在网络上共享信息和开展协作的人们来说，这是最简单的方式。当我们观察到这些社区如何发展具有丰富、独特的语言文化时，它们的影响力是显而易见的。流行语"HODL"和"BUIDL"完美地呈现了这一现象，是"物以类聚，人以群分"的社区集体表达。

科学哲学家托马斯·库恩（Thomas Kuhn）在 1962 年出版的

第 3 章
以太坊非正式组织结构：非营利性基金会 + 社区

著作《科学革命的结构》(*The Structure of Scientific Revolutions*)中说："新术语有时会与新问题和新实践同时出现，从而导致范式的转变。"库恩还提出，违反或歪曲先前没有问题的科学语言是革命性变革的试金石。

新工具自然需要新词汇来表达它们的用途。就像以太坊正在创建一种新型的全球超级计算机，它所带来的与现有的信息和通信系统的交互和改变，超出了计算机科学的专业化范围，刺激和影响了经济、政治、法律、文化等各个领域。这个过程中，新词汇和新范式拉大了新旧专业概念和人们认知之间的差距，尤其是在集中性和分散性的系统之间表现得更为突出，"这种差异使得一个（过去的）专业的从业者与另一个（新的）专业的从业者无法充分沟通"，因此，对新技术的质疑、反对的声音不绝于耳，人们很难明白和理解背后的涵义。如果你想要了解以太坊，就得抛弃传统的观点去学习一些新词汇，然后开始学习这个新系统。

第4章

以太坊社区的自发性角色

以太王国：
区块链开启薄组织时代

> 新的组织需要创造和认识新的角色，需要依赖局外人，需要产生新的市场和顾客联系。
>
> ——W. Richard Scott（W.·理查德·斯格特）

以太坊通过自己的开放系统和分布式协议，逐步构建了一个充满活力的生态系统。这个生态系统里面，充满着来自全世界各地的个人、团体、公司以及其他机构。他们之间彼此独立却又相互影响，他们既是整个社区的一部分，还会自行组织不同的子社区。

因此，以太坊，一出生就携带着与传统企业迥异的基因，在一个社区中诞生，又通过创建另一个崭新的社区群获得发展。从Vitalik在比特币社区里发起白皮书邀请，到吸引自己的核心团队、建立基金会，再到发展以太坊新社区，这就像是一个社区的轮回。在这个轮回的以太坊起点上，Vitalik和以太坊基金会的组合成为以太坊最初的管理团队。如果我们要做个类比的话，就像我们现在公司里的O一族（CEO、COO、CTO等），但又不太一样。

以太坊基金会是以太坊最早的一个组织形态，既不用事事寻求Vitalik的拍板与决策，也不像层级森严的公司管理梯队那样挥舞着大棒和胡萝卜，充当的角色更像是一个资源协调者和服务执行者。而作为发起人的Vitalik，类似公司的CEO，但是

第 4 章
以太坊社区的自发性角色

又不充分行使 CEO 的管控权力，更像一个用想象力描绘战略蓝图的精神领袖，社区里任何人都可以赞同他，也可以向他提出反对意见。他的项目提议并非百分百被社区接受，也会遭遇无法通过的境遇。

围绕在这样的"管理团队"周围的则是以太坊社区里的主角们，他们是一群有着共同的兴趣和目标，并且愿意与他人产生友谊的人的集合，他们会是 Github 上的开发者，会是 HODL 一代，会是 Reddit 和 Twitter 上的粉丝，会是 Meetup 的参与者，他们可以是任何人。

以太坊的社区中涌现了哪些角色呢？

4.1 社区里的参与者们：建造者、投资者、用户

一千个人眼里有一千个哈姆雷特。

以太坊在开发者眼里是技术流派的先导，在金融从业者里是加密金融里的佼佼者，在会计师眼里是一次账本革命，在项目方眼里是一个生机勃勃的资源大平台，在非技术非金融的普通民众眼里是一个可能赚钱的投资机会……在我眼里，以太坊绝不是一个币、一项技术这样的单维事物，它像是一个系统，一种薄薄的组织操作系统，既容纳不同身份、不同角色、不同年龄、不同地域、不同语言的人们，又以开源的姿势提供着便

捷的资源交换、知识交流和广泛协作的虚实空间。

因此，我一直对能将所有类型的人聚集在一起的社区很感兴趣，以太坊的成长正是来源于一个令人难以置信的社区力量。来自全世界各地的参与者们也分享着他们进入以太坊的契机，无论是直接奔着技术创新而来的开发者，还是"为钱而来，却因技术而留下来"的投资者们。在 EthHub 上有一个自我介绍的帖子，大家都纷纷介绍自己的背景以及与以太坊的机缘。

来自以太坊客户端的产品经理蒂姆，在浸入几年后开始全职服务社区，经常参加核心开发人员的电话会议，并在业余时间尝试帮助以太坊猫牧人计划，在 DApp 开发人员和协议开发人员之间充当一种"双重连接"。

来自荷兰阿姆斯特丹的独立工程师卫斯理，通过参与 ConsenSys 学院计划和学习工作一年后，在荷兰成立非营利性基金会，力图推动荷兰的区块链创新和知识教育。

自 2013 年就在加密领域工作的菲尔，在 2017 年从一个安静的以太坊爱好者完全过渡为以太坊社区贡献者。他专注于沟通，积极参与开发人员对产品、开发工具的推广和治理讨论。

拥有航空航天工程学士学位和电气工程硕士学位的布莱恩特，借助自己在建造飞机飞行控制系统和故障检测算法方面的工作经验，制作了一套用于构建强大的以太坊应用程序的安全流程的 SecurEth 指南。在以太坊社区的 2 年时间里，他为不断

第4章
以太坊社区的自发性角色

增长的 Python 工具集做出贡献，还帮助一些客户了解以太坊在他们应用程序中的作用，以及设计强大的智能合约架构。

来自硅谷科技巨头的分布式系统工程师，因为偶然机会了解到以太坊的事情，兴趣陡然而生，从此沉浸在以太坊的技术生态里。

来自美国中南部的程序员爸爸瑞克，协助儿子做一份关于 BTC 的高中研究论文，在查找资料的过程中发现了 Vitalik 撰写的一些文章，并立即沉迷于以太坊的愿景之中，花大量时间消化和学习以太坊的内容，期待一天能贡献自己的一分力量。

来自波士顿一家会计师事务所的彼得，在社区里贡献了 Eth2.0 调用的注释，帮助公司创建网状网络的本地项目，为波士顿人提供开放的社区互联网。他的短期目标是努力将 Core Dev Notes 和 Eth2.0 的笔记翻译成多种语言。

从比特币转移到以太坊社区的马修，以投资者利益角度参与以太坊运营，对以太坊治理问题非常感兴趣，特别是如何扩大决策基础，让更多的社区参与进来。

来自纽约的维克托，是 EthDenver 活动的组织者之一，帮助人们运行节点基础设施，使任何人都可以轻松地与他们选择的区块链进行交互。

来自地中海金融领域的德尼，2016 年初落入以太坊兔子洞，

85

以太王国：
区块链开启薄组织时代

去年获得了数字货币硕士学位，很感兴趣地去参加世界各地的以太坊黑客松和会议，并见到了世界上最酷的人们。

来自美国俄亥俄州的查兹，从 2015 年起就是以太坊社区的一员，目前是 EthHub 的核心贡献者之一，他撰写各种信息和教育内容，喜欢在这里编程，看到社区的聚会活动就会很兴奋。

来自美国公立学校的高中物理老师大卫，在 2018 年花了大部分时间在互联网上搜索解释这种革命性技术如何运作的文章，知道了这项技术是新生的，相信以太坊社区的每个人所做的工作将会改变这个世界。现在他除了日常的学校教学外，其他时间都用于在以太坊社区里参与有意义的对话和活动。

特别有趣的是，在以太坊社区里还有跟计算机毫无关系的建筑师。一位叫罗斯的建筑师，在 2017 年从朋友那里得知了以太坊，并买了一些以太币，几个月后几乎忘了它，直到价格飙升，他开始想知道自己究竟买的到底是什么东西，于是他开始阅读关于以太坊的更多资料，读着读着就越来越着迷于以太坊空间中的各种想法，甚至也跃跃欲试地在社区中做贡献。

如果我们要将这些参与者们进行划分，大致可以分为三类人。

第一类，建造者，顾名思义，是参与以太坊核心基础设施的开发者们，他们可能在以太坊的核心开发者队伍中，也可能在以太坊生态里某个工具项目团队中，他们的最大特征是非常积极地关注和参与以太坊系统的搭建，因此他们的组成类型会是开发者、工程师、设计师、研究人员、学者、黑客、安全专家等。在区块链的世界里，这一类人还有一个称呼，叫作"BUIDL"。

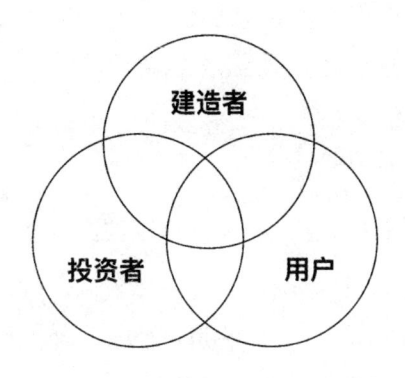

```
        建造者
   投资者    用户
```

第二类，投资者，是给以太坊带来资源的人，比如美元或token形式的资金，又比如矿机设备，这一类人通常被人们视为投资人、投机者，他们也有一个专属称呼，叫作"HODL"。有时候，人们谈起投机者会生厌，但他们是整个生态里不可缺少的一部分。

第三类，用户，是使用以太坊平台上服务和工具的个人，这是一个数量庞大的群体。他们虽然没有建造者那样直接的开辟式贡献，但是他们会按照自己的喜好选择支持哪些项目或者工具，对项目的发展有着重要的影响。

在以太坊这样的开放生态系统中，建造者、投资者、用户都可以捕获价值。用户拥有了更多的选择，他们决定什么是最重要的和最喜欢的；建造者们，一方面可以相互使用彼此贡献和创造的开源代码，软件创新的速度在成倍增长，另一方面会宣传和推广原始创建层的产品，就像以太坊生态里的项目会为以太坊摇旗呐喊一样。所有参与方之间因为相互作用所产生的循环关系促进了彼此的信任和对以太坊生态系统的信任。

更为关键的是，这三类人群可以彼此分开，也可以重合。事实上，在以太坊社区里，既是建造者又是投资者还是用户的现象，比比皆是。三位一体的角色叠拼，使人们从真正意义上践行着：为自己而工作。

4.2 社区网络连接点：以太坊基金会（EF）与以太坊社区基金（ECF）

以太坊基金会（EF）2014年7月在瑞士建立，主要承担的工作分为两个部分：一方面，组织和实现白皮书所描绘的以太坊系统，以开发、孕育、推广和维护开放的、去中心化技术为主要目标，专注于以太坊协议以及相关技术的推广发展，同时以各种形式支持和推动去中心化的各类项目；另一方面，

第4章
以太坊社区的自发性角色

管理以太币销售中筹措的基金,给团队发工资和利用现有的资金去激励围绕以太坊进行的开发、研究、宣传等活动,以便更好地为以太坊和去中心化技术生态系统服务。如果用一句话来总结,基金会在以太坊初期起到的作用更像是"早期加速器"。

在以太坊早期,基金会几乎包办了整个生态系统中的大小事务,虽然现在基金会仍然在做主要的事务,但伴随着社区的成长和成员队伍的壮大,基金会分身乏术,开始收紧战线,不再承包生态系统中的所有事情,内生出更多的团队组织,同时还增加与多方的合作,包括与在以太坊生态中的盈利公司,来最终实现以太坊的宏伟目标。

作为以太坊的早期管理团队,过去几年里,基金会的主要工作分为三部分。第一部分,组织核心开发,以实现白皮书所描绘的蓝图,比如核心客户端的开发、网络观测和紧急情况响应、维护测试组件、为一些安全审计支付费用等。第二部分,技术研究,解决以太坊现在以及将来面临的问题,具体包括权益证明(Casper)、扩展性、虚拟机升级、抽象化(Abstraction)、形式化验证(Formal Verification)、零知识证明整合、正式协议和子协议、高层开发任务、透明化。第三部分,致力于普及教育,让更多的人了解、学习和参与进来,具体活动包括:线上各类文档和开发者资源,组织开发者会议(Devcon)、黑客松等活动,向公众媒体和机构介绍以太坊等。

2019年，以太坊基金会在春季报告中讲到基金会未来的角色变化：集中做自己擅长的事情，不擅长的领域交给专门的人来做，变成资源分配者、生态发声者和利益代表者。

如何给以太坊生态系统带来长期的帮助，是以太坊基金会一直以来考虑的事情。为了支持以太坊区块链的开发，以帮助开发去中心化应用和智能合约技术，基金会每年都会向生态内的部分项目提供拨款奖励。2018年以来，围绕以太坊生态系统的各类基金不断涌现，为以太坊的项目提供了传统风险投资的替代品，比如ECF、Status Incubate、EF grants、ETHPrize 和 Aragon Nest 等，都在将资金引向为生态系统甚至整个区块链系统创造价值的优秀团队和前瞻性项目。

以太坊基金会的拨款计划面向个人、团体和公司，并在基金会博客中指明了评估的标准。

- 项目的影响力。
- 项目对整个生态系统有多重要？
- 项目解决的问题有多急迫？
- 有多少人在解决同一问题？
- 与袖手旁观相比，发放奖金会带来多大价值？
- 更偏爱那些有合理路径达成可持续发展的项目。
- 确保奖金的金额与团队的相关经验或已被证实的能力

第 4 章
以太坊社区的自发性角色

相称。

- 确保与以太坊的价值观一致。

与此同时，基金会也要求自己遵守一些原则，比如项目是开源的，资金只用于未来的发展，避免个人偏好带来的偏袒，不考虑应用层团队和项目（但支持在应用层开发通用开源工具的团队和项目申请），不存在"EF 官方认证"的项目背书。

带着这些标准和原则，截至 2019 年初，基金会一共发放了五次赠款，从最早以开发人员为主要资助目标，到放宽至扩展以太坊网络的各个方面的项目角色。

2018 年 3 月，基金会发布了第一波赠款，总共有 13 个项目获得了超过 250 万美元的资金，主要资助的目标是开发人员，资助的方向聚焦在提升以太坊的可扩展性、安全性、进行用户界面研究以及研究以太坊区块链的衍生产品。

2018 年 5 月，基金会发布了第二波赠款，资助了 22 个分布式应用平台的研发，资助金额共计 284 万美元。其中分布式应用程序获得 83.5 万美元，安全领域应用项目获得 53.5 万美元，BUIDL 项目（面向终端用户）获得 113 万美元。基金会为了提醒自己以太坊项目是如何开始的："热情的开源开发者在业余时间为项目做出贡献"，开始为社区成员提供一项"黑客之旅"（hackternship）的资助，比如向开发新员工培训文档的 Richard Littauer（理查德·利淘尔）和 Chris Spannos（克里斯·斯帕诺斯)、做分片研究的中国科学院孙毅等人提供了 5 千至 1 万美元不等的奖金。

2018 年 8 月,基金会发布了第三波赠款。项目的大部分赠款都用于提高可伸缩性。自基金会 2018 年年初宣布开始赠款计划以来,已有近 700 万美元用于可伸缩性方面的探索,相当于以太坊基金会资金池的 61.3%。这次资助的项目还涉及安全和教育,比如在教育方面,Cryptoeconomics.study,由 Karl Floersch 领导的一门由社区驱动的免费加密经济学课程,获得了 3.5 万美元的拨款,用于编写教科书和课程。基金会还为学生和在职专业人员提供了两笔 1 万美元的黑客奖学金、为期 10 周的外派费,以便他们在业余时间为以太坊项目创造价值。

2018 年 10 月,基金会发布了第四波赠款。这一次,是为了解决客户多样性、可用性、可扩展性、安全性以及用于构建工具等方面的工作,向 20 个不同的个人和团体颁发了 286 万美元。其中,Prysmatic Labs 和 Status 都获得了 50 万美元用于建立以太坊 2.0 客户,是本次拨款计划中最大的两笔。Spankchain、Kyokan 和 Connext 共同获得了 42 万美元,用于开发非托管支付渠道中心的开源软件开发人员套件(SDK)。

2019 年 2 月,基金会发布了第五波赠款,一共有 7 个项目被给予资金支持,并且基金会决定不再公布具体资助金额。第五批收到资助的项目包括:The Matter,一项应用了

zkSNARK 技术的 Plasma 扩容方案；LeapDAO，Plasma 扩容方案"Leap"的开发组织；Py-libp2p，ibp2p 的 Python 语言实现，应用于 Eth2.0 研究； Ethereum on ARM，在 ARM 设备等资源受限设备上运行以太坊客户端的方案；Goerli 测试网，一种跨各种客户端的以太坊测试网，为社区推动型项目；Shadowlands，Python 语言开发的全文字界面以太坊 DApp 平台；DeepSEA，一种用于验证智能合约的编程语言。然而，这次没有公布资助金额的举动很快引发了社区里对于以太坊基金会透明度的质疑声音，在社交媒体上出现了反对意见，人们认为以太坊作为一个帮助创建透明、分散世界的组织首先应该做到自身的完全透明化，透明本身也能减少不必要的负担。

为了更好地推动区块链基础设施建设，在内部孵化想法的延续下，2018 年 2 月，以太坊系统内的多个项目和以太坊基金会联合宣布成立"以太坊社区基金（ECF）"，包括 Omisego、Golem、Status、Makerdao、Web3（polkadot）、Cosmos 等。

ECF 的目标是制造一个可以蓬勃发展、成长和协作的环境，有明星项目的加持和帮助，或许能成为一个创意与灵感的萌生地。实现这一目标的最佳途径是创建基础设施赠款计划，该计划将在财政上支持个人和组织，使他们能够构建关键的开源基础设施、工具和应用程序。

> 以太王国：
> 区块链开启薄组织时代

在第一年中，ECF 的运营和奖金主要来自上述几个早期的以太坊生态的项目，奖金金额在 5 万至 10 万美元，关注的重点在非营利性基础设施。但随着 ECF 的升级，它将会以开放的姿态邀请更多角色加入，其中包括商业化项目、各类工具，也不局限于以太坊生态内的项目，只要是有助于区块链技术的项目都可以申请，奖金的金额也将提高到 150 万美元。

在运营层面，ECF 与 EF 是各自独立的，EF 从开始之初就是 ECF 的顾问角色，一方面 EF 会成为 ECF Network 中一支重要的力量，既资助 EF 关注的项目，又提供必要的技术辅导。另一方面 ECF 在获得社区的需求之后，会向 EF 提供更多来自社区的反馈。

在工作内容上，ECF 代表社区，担负起社区联盟的职责，调研和了解技术发展最迫切的需求，向社区需要起始资金的项目给予奖金，支持非营利的基础建设项目，支持开发培训等教育类的活动和项目，也会促进项目和项目之间的交流和发展，组织 workshop（工作坊）来集结全球资源和力量一起解决技术和发展中碰到的难题。

ECF 的管理模式被设计成一种平权结构：开放技术中任何的角色都可以作为会员加入，提供申请资助的项目所需要的资源。因为 ECF 是一个非营利的社区项目，需要会员对 ECF 进行捐助，少量的资金用于日常运营，更多的资金用于支持社区发

第 4 章
以太坊社区的自发性角色

展需要的新项目以及目前遇到发展问题、资金问题的大家普遍使用的产品。

ECF 与会员之间存在多种协作方式。会员单位可以通过直接捐助让 ECF 开展社区支持，也可以和 ECF 一起设立专门的奖金项目，或是生态奖金，通过 ECF 的评审和保荐获得项目进行投资或奖金资助。会员单位对 ECF 的事务的决策投票权是完全平等的。每年会进行执行总监、下一年主要任务、预算的投票，并且平摊预算作为会员单位的基本捐助。

当资源由非营利性组织支配时，权力、信息、知识、技术等资源都是丰富而自由的。

4.3 社区里的耀眼明星：核心开发者

如果说以太坊里最让外界感到神秘的角色，排在第一位的当属"核心开发者"。在人们看来，这是一个带有荣誉光环并引以为傲的称呼，凡是有以太坊核心开发者加持的项目往往会受到市场、投资人和社区的加倍青睐。

什么样的人能够成为核心开发者？

以太坊社区的独立核心开发者何连曾经专门总结了一下路径。简单来说，如果你想成为核心开发者，需要具备以下条件。

第一，有来自内心对计算机技术的热爱，检测标准是"一看就兴奋"。

第二，在开源社区做过贡献，很容易在 Github 这样的平台上查阅到参与开源项目的经历。

第三，有基础的计算机方面的知识。事实上，以太坊并没有严格意义上的正式工作申请流程，所以学历、学位以及是否毕业都无关紧要。只要你愿意学习，你就将拥有这方面的知识。

第四，有自己喜欢的技术方向或者开发模块，剩下的事情就是不断地敲代码，将思想优雅地实现。

第五，勤开口，问问题。在社区里，如果有任何东西不清楚，不要不好意思问，因为有一群非常活跃的开发者们，他们很热心，他们都乐于提供帮助。

当你成为一名核心开发者后，会怎样工作呢？

以何连的经历为例，他的工作内容分为三部分：第一部分是写代码，包括日常自己独立写代码，以及跟远程团队面对面冲刺写代码；第二部分是参加以太坊的活动，包括以太坊的各类治理会议、Meetup、论坛等，在这个过程中了解其他团队在做什么，也让别人了解自己在干什么，在这个基础之上获得别人的帮助和向他人提供帮助；第三部分是文字记录和输出，既归纳总结经验，又以言传身教的方式为以太坊招募更多的开发者。

第 4 章
以太坊社区的自发性角色

这种富有挑战性和趣味性，又有点折磨人的工作，你是否会感兴趣？你将如何开始？你可以选择进入以太坊的分类子社区，比如你是开发者的话，从阅读、理解程式码开始，在论坛上逛逛，跟人们打打招呼，提提问题，与其他开发者互动。你还可以从协助翻译文件开始做贡献，等到对以太坊更熟悉时，再动手解决问题。

伴随着以太坊社区规模的扩大，在以太坊基金会、核心开发者团队的基础之上，还逐渐自主孵化出一群听上去就很有趣的"魔术师""猫牧人"，他们自动自发地发起了一个又一个的子社区，用来建设更好的以太坊。

4.4 分歧解决终端机：以太坊魔术师

2018 年 3 月，以太坊魔术师联谊会成立，这是一个由以太坊开发人员发起的组织，目的是为了解决线下和线上协调的问题，提出更好的 EIP（以太坊改进提案）并改善以太坊的技术维护。

大家都希望以太坊网络的未来技术走向不会集中在部分核心开发者手中，希望避免技术官僚，于是向所有人开放 EIP，用来改进以太坊，以及决定以太坊的未来方向。EIP 代表了以太坊改善建议，你可以看到讨论的过程，追踪这些 EIPs 的最新消息，理解以太坊开发团队的未来动向，甚至你也可以全程参与。

以太王国：
　　区块链开启薄组织时代

　　EIP 过程有完整的文档记录，并进行了一定的制度化。任何人在任何时候都可以用 EIP 建议格式（EIP template）提交方案作为以太坊的 Pull Request。接下来，在技术上达标的方案会被合并成草案，而技术上未达标的方案可能在合并前要经过多次修订或完善。这个时候，方案不一定会被执行，这只意味着大家判断这个方案在技术上是达标的。之后，在核心开发者视频会议上，这个方案可能会被提出，核心开发者可能会决定同意并执行这提案，而提案激活以后，用户就可以选择下载并运行更新了的客户端软件。这整个过程都是在公开的环境中进行的。所有 EIP 目前的状态及其讨论主题都可以在以太坊的 EIP 库（https://github.com/ethereum/EIPs/）中看到。

　　以太坊魔术师联谊会是一个由个体组成的团体，一群以改善以太坊为共同目标的人聚在一起。每一个人作为个体参与，并在相互平等的基础上进行互动。任何人都可以成为以太坊魔术师联谊会的一员。因此，以太坊魔术师联谊会也会设计自己的愿景和原则，从他们的文档中，我们可以看到这一群人给这个小组织的定位。

　　以太坊魔术师联谊会（https://ethereum-magicians.org）上也公开讨论了很多方案。每次核心开发者电话会议的录音和笔记都可以从 ethereum/pm 中获得。

第 4 章
以太坊社区的自发性角色

魔术师联谊会的愿景和原则

目标	支持以太坊在技术上的最佳状态
使命	培养社区对以太坊技术方向和规范的共识
工作内容	高质量的 EIP 改进方案
开放的过程	任何感兴趣的人都可以参与这项工作，知道正在决定什么，并在这个问题上发出自己的声音
个人参与性	没有正式的成员资格。这是一个由个人组成的团体，而不是组织、公司、政府或利益集团
技术责任	联谊会承担对以太坊协议规范的所有方面的责任
技术能力	联谊会寻求对必要的建议达成共识
粗略的共识	共识不是全体一致或多数投票。相反，它是基于参与者的技术判断和以太坊在实现和部署规范方面的实际经验的结合

这不是一个统一的战线，而是一个百分百开放的平台，如何决定参与取决于自己，如何组织和构造自己，将由彼此共同决定。在以太坊魔术师联谊会中没有正式成员，参与是对所有人开放的。这种参与途径可以是在线贡献、参加面对面的会议，或者两者兼而有之。来自社区的任何有时间和有兴趣的人都可以参加会议和参与任何在线工作组的讨论。参与者们都是个体形态的技术贡献者，而并非以组织的正式代表来称呼，因为在以太坊里没有"官方"一词，"官方"是中心化世界的产物。这种在线工作组被称为"Ring"，即"环"。

> 以太王国：
> 区块链开启薄组织时代

"环"连接了各领域之间的成员，他们相互融合，各领域工作组将根据需要进行组合和变化。"环"有两种类型。

（1）领域：用于围绕特定的主题收集专业知识和感兴趣的各方，并且设计周期为无限期，比如有关"钱包"的主题。

（2）工作组：为解决特定的问题或产生一个或多个特定的可交付成果而创建的，设计周期上是短暂的，即在完成其目标和实现其目标后结束，交付成果包括指导方针、标准规范等。

一个"环"的形成首先需要可以定期重新讨论和修订的规章，以反映该环的现状、组织或目标。具体地说，每一个规章的内容包括："环"的名字、内容领域、工作小组、领跑的志愿者。其中，"环"的名字应该有合理的描述性或可识别性，工作小组应定义缩写词（最多16个可打印ASCII字符），以便在环形目录、论坛和一般文档中引用。在规章创立之后，至少需要3名感兴趣的成员参与才能继续形成环。

魔术师们根据各自领域和兴趣自主地选择和建设感兴趣的"环"，写一个论坛帖子发布它，并邀请人们加入。"环"的简要说明要突出工作组计划的问题领域、基础、目标和方法，人们在单独阅读这一部分的时候，一个人就能够决定这个小组是否与他们自己的工作相关。

"环"是一个过程，在这个过程中，以太坊将有兴趣合作的个体集合在一起，围绕一个特定的焦点进行记录、互操作和推进。

第 4 章
以太坊社区的自发性角色

这将感兴趣的各方和专家聚集在一起,以推动高质量 EIP 的创建和运行代码。还可以调用这些"环"来扩展核心 Devs 流程,随着时间的推移,高质量的"环"可以形成一个智慧的大脑,被用来征求专家意见,而不需要所有的开发者都成为所有领域的专家,以这种形态实现大范围的协作。

4.5 项目管理者:以太坊猫牧人

以太坊结构不断分散化,内部的事务也呈现出散射状的分散化。以前人较少的时候,事务的项目管理也相对比较简单,大家凑一块开开会就能把事情给办了,信息的传递路径短小且高效,由于项目很小,每个人都很容易保持一致,朝着相同的方向前进。而随着以太坊社区的发展,生态参与者的规模越来越大,承载的项目也越来越多,基金会自身的管理能力面临挑战。比如每次参加核心开发者会议的人数呈指数级增长的时候,项目的跟进和彼此协作就出现了盲区和困难。同时在基金会之外的由社区驱动的其他组织萌生,比如以太坊魔术师联谊会、以太坊社区基金等,它们又会带来更多的信息叠加。

每一天,项目和社区都在变得越来越大,越来越复杂。在一个大规模、全球性、分散的新兴技术项目中,如何有效地架起协作和信息的桥梁,解决过程中的协调和沟通问题?

以太王国：
区块链开启薄组织时代

于是，在以太坊内部，有一小群开发者们开始思考如何解决这个发展中的问题，拉起了项目管理的小队伍，并吆喝社区中有管理经验的志愿者加入。2019年初，一个新的组织诞生了——Ethereum Cat Herders，即以太坊猫牧人。根据猫牧人博客上的记录，猫牧人早期由12个人组成，包括Hudson Jameson（哈德森·詹姆森）、Lane Retting（何连）、Afri Schoedon（阿弗里·舍东）等核心开发者。

猫牧人的角色相当于项目经理，主要负责项目过程的记录、调查，通过遵循结构化的PM流程并创建通信通道，从而帮助以太坊生态里的矿工、矿池、测试网络、客户端开发团队等各类角色。为了在Etherem Cat Herder Eco系统中提供更好的治理，他们计划使用Aragon DAO（去中心化自治组织应用）来辅助社区的治理。

猫牧人的工作目标很明确：帮助促进和协调实现以太坊生态系统内特定项目成果所需的任务，从而推动以太坊向前发展。当发生不可预见的事情时，比如推迟网络升级，猫牧人能够及时帮助促进和协调所需的任务，一方面确保社区内有足够的共识可以补救这个问题，另一方面收集所需的数据或计划累积成项目管理经验，为下一次项目提供帮助和减少弯路。

传统的项目管理都是中心化管理，本身是一个充满细节、风险控制的事情，涉及五大过程——启动、计划、执行、控制、

第 4 章
以太坊社区的自发性角色

收尾,以及九大知识域——范围管理、时间管理、成本管理、质量管理、人力资源管理、沟通管理、采购管理、风险管理和整体管理。其中范围、时间、成本和质量是项目管理的四大核心领域。而以太坊给分散性结构的项目管理开了一个先河。

序号	传统项目管理	以太坊项目管理
1	范围管理	项目范围
2	时间管理	(最被诟病的)
3	成本管理	项目预算
4	质量管理	项目质量控制
5	人力资源管理	(HR 的功能很弱)
6	沟通管理	项目沟通
7	采购管理	项目资源
8	风险管理	项目风险管理
9	整体管理	项目集成、项目调度

我们将以太坊这种分散结构的项目管理与传统项目管理进行了域的对比,如上表,"时间管理"和"人力资源管理"并没有被猫牧人清晰明了地列出,这可能涉及几个因素。

第一,以太坊的项目包含了研究和工程两个维度,创新类研究就像探索未知世界,截止时间有困难;另一方面,研究团队和工程团队的完全契合也需要时间,这也是为什么大家一直

103

都诟病以太坊计划的不断延期，这种现象在区块链项目中成为常态，因为未知的因素实在是太多。

第二，分散化社区里人们的配合程度，短期内不会像公司，尤其是像集中式创业公司的效率那么高。我们需要承认的是，分散与集中各有优势，只不过分散在资源的利用上更符合未来的趋势，更有利于资源的进入和交换。

第三，事实上，核心开发者们和志愿者们都在充当着"人力资源"的角色，发挥着人员管理的作用，是否需要一个固定的人力资源角色是有待琢磨的一件事，至少传统的人力资源六大模块在这里大概率是不适用了，HR 的工作内容和方式也会发生一些根本性的变化，传统对内的 HR 功能模块也发生裂变和重组。

另一个显著的特点，是以太坊猫牧人与传统的项目管理非常迥异的两个地方，即项目经理的职位及其权力。作为去中心化结构的一部分，项目经理的目标是协调不同的团队，成为促进者和推动者，使更广泛的核心开发者与社区其他角色沟通更顺畅和容易。关于项目人员的边界，不同于传统软件项目的是提前规划好人员配置，以太坊从一开始在人员的设置上是没有明确边界的，只要你有意愿且有能力去做这件事，你就可以随时加入，提出你的想法和建议，身兼多职很常见。

第 4 章
以太坊社区的自发性角色

愿望是美好的,困难也是显而易见的,在如此大规模的项目中协调各独立方十分困难,要知道每个独立方都有自己的目标和议程。无论如何,以太坊猫牧人的实行,尽管还很初级,但正在经历以太坊项目管理从 0 走向 1 的进化过程,在区块链的全球大规模远程协作上是第一个吃螃蟹的人,我们也很期待以太坊能探索出一条更好、更正式的项目管理路径,不仅仅帮助以太坊生态走向未来,更重要的是为我们每个人的未来提供更多的选择。

第5章

以太坊大规模协作的关键：自由共享

以太王国：
区块链开启薄组织时代

> 新行业的产生并不仅仅在于掌握新的技术，更需要建立在共享资源基础上的全新组织群落发展，这种发展会极大提高参与者的能力。

"你想做一台个人计算机吗？或是终端机？或是 TV 打字机？或是 I/O 器件？或是其他的数码设备？或者你想在一个时间共享设备上买到时间？如果你想的话，来参加我们的活动，你将遇到一群趣味相投的人们，交流信息、讨论想法，谈谈自己在做的工作，一起完成一个项目……"

人们说，这张 1975 年 2 月 17 日由 The Homebrew Computer Club（计算机爱好者组织）贴出的计算机活动告示是今天广受追捧的黑客松活动的根源。The Homebrew Computer Club 是一个黑客组织，由一群喜欢独立思考、探索未来、热衷于解决问题的科技爱好者们组成，其中包括和乔布斯一起创建苹果公司的 Steve Wozniak（史蒂夫·沃兹尼亚克）。1976 年，Steve 使用俱乐部内自由共享的信息，制作了第一台个人电脑苹果 I（The Apple I）。

这个计算机社团组织影响了随后几十年的科技产业，40 多年后的今天，会不会出现下一个影响产业、改变世界的团体组织呢？会不会是以太坊社区呢？

先来思考一个问题，为什么以太坊能够成为目前世界上运

第 5 章
以太坊大规模协作的关键：自由共享

用最为广泛的智能合约？为什么以太坊有能力吸引分布在全球的广泛的个体和群体？

毋庸置疑的是，以太坊诞生在一个恰当的时机，获得了快速成长的风口，加上以太坊背后的开放、分布式协议的加持，逐步形成了大多数人都认可的一个事实：以太坊是一个令人难以置信的活跃社区，是由个体创新驱动的社区共同体，在这个共同体中人们自由发起、组织和分享资源。这个网络吸引了一群非常不同的、包容一切的奇思妙想，这是其他任何组织和平台都无法比拟的，也为大规模协作打下了坚实的基础。

以太坊社区里的活动或者黑客松经常吸引成百上千的参与者，而很多其他区块链项目却很难在类似的活动中吸引几百名参与者。这种吸引可能源自强大的技术背景，比如 Vitalik 和一众核心开发者们的技术魅力；也可能源自奖金的激励，以太坊不仅仅资助来自其他地方的个人开发者们，还资助那些有助于实现以太坊一部分模块或功能的项目；也可能源自共同兴趣爱好驱动下的自我激励式文化。

一个更大、更稳定的基础设施意味着会冒出更多可能的创新。尽管我们无法预知未来，但无论如何，以太坊所构建的流动着的知识共享网络确实给组织本身注入了活力，也为我们的视野打开了一扇窗。

以太王国：
区块链开启薄组织时代

5.1 以太坊开发者大会（Devcon）：区块链世界的标杆会议

如果一定要说以太坊社区哪个活动是"官方"举办的，那非以太坊开发者大会莫属了。在过去的几年里，以太坊吸引了大量的追随者，这些追随者通过线下的社区活动松散地组织在了一起。其中，属以太坊开发者大会的规格最高、规模最大。开发者大会聚集了全球的以太坊爱好者，从 2014 年第一次小型会议开始，到 2019 年上半年已经持续 5 届，大会的规模和影响力呈井喷式扩大，已经成为区块链领域的标杆性活动。更难能可贵的是，以太坊开发者大会名副其实地代表了区块链世界的最高水平，也成为一股清流：因为这里只谈技术，不谈币价。

以太坊开发者大会的规模呈直线上涨势头，从 2014 年的 Devcon 只有几十名参与者，到 2018 年的 Devcon 有 3000 多名参与者，以太坊的社区热度有增无减。社区的魅力在于：它既是进入以太坊这个大型实验场的一个面对面的入口，又因为每个社区都提供了一个本地化平台，让人们可以聚在一起畅快地讨论关于以太坊的各类话题。更有意义的是，这些活动计划不属于任何个人或组织，它们是由社区拥有和驱动的，是由所有人共同拥有的。

2014 年 11 月，以太坊在柏林举办了第一次小型开发者会议

第 5 章
以太坊大规模协作的关键：自由共享

（Devcon0）。

2015 年 11 月 9 日到 13 日，以太坊在伦敦举行了为期五天的开发者大会（Devcon1），会上还决定第三次开发者大会（Devcon2）在上海举行，以太坊与中国的缘分在冥冥之中。

2016 年 9 月 19 日至 24 日，近千名与会者齐聚上海，围绕以太坊工具及开发、以太坊安全及应用和以太坊生态及展望进行探讨。在这里，人们可以看到一些有开拓精神的个人和团队，还能遇到不修边幅却语出惊人的技术大神，大家在热烈地交流、讨论去解决、改进业务或者技术协议的问题。

2017 年 11 月 1 日，以太坊开发者大会（Devcon3）在墨西哥的坎昆召开，历时四天，全球以太坊开发者、投资者与爱好者讨论以太坊的可扩展性、安全性以及隐私性等问题。会上，Vitalik 提出了 Casper、Sharding 和其他的一些协议更新的议题，正式将分片拉入人们的视野。参与者不再仅仅只有开发者，投资人的目光开始频频驻足，以太坊给人们带来了无限的想象空间。

"三千张门票，每张价格近两千美元，在开售之后的几分钟之内售完，抢购盛况堪比过去的苹果手机发布"，这是媒体对 2018 年 11 月在捷克举办的 Devcon4 炙手可热盛况的描述。在这个被叫作"布拉格区块链周"的活动上，除了大会本身，还有大约 60 个其他的活动，比如黑客松和自下而上的各类研讨会等。大会演讲向人们描绘了以太坊 2.0 的方向和规划，尽管没有

> 以太王国：
> 区块链开启薄组织时代

清晰可见的时间表，但人们还是热烈地探讨这些技术可能产生的社会变革以及技术影响。来自中国的与会者大概不到 50 人。有参与者感叹道："在这里，听不到任何有关币价的讨论，也没有看到人们争相与名人照相。"

参与 Devcon 的人员也随着以太坊的规模而发生变化。早期，参与者大都是有高度技术信仰的极客们，渐渐地，经济学家、社会学者、法律专家都开始出入大会，以期洞察这个神奇的空间。无论你是否在以太坊社区做贡献，也无论你是什么职业身份——设计师、用户体验研究员、智能合约开发者、区块链研究员、客户端开发者、测试工程师、基础设施运营者、社区运营者，还是艺术家——都可借此机会交流学习，沉浸在前沿实验的热烈氛围里。Devcon 也会吸引一些来自加密社区之外的人，比如过去的开源社区成员们，因为他们大多拥有共同的价值观——信奉"开源精神"。这些早期的互联网先驱与新兴的加密世界共同发展，Devcon 搭建的标杆性舞台，让人们更加从容地翩翩起舞。

相比前几次开发者大会，Devcon4 的内容话题和参与者发生的变化更为明显，开发者包场的现象换成了多元化身份的人们齐聚一堂，投资人、媒体人、传统产业来一探究竟的好奇者……一些技术拥趸的极客们会后吐槽：演讲内容的难度系数越来越低，不够硬核。究其原因，很可能是参与者不再仅仅是工程师们，当以太坊的影响力变得更大，吸引到多样化群体的关注目光越

第 5 章
以太坊大规模协作的关键：自由共享

多时，以太坊基金会势必需要照顾更多受众的视听体验，在演讲内容的广度和深度上都做了相应的妥协式调整。而对于摩拳擦掌的技术玩家们，可以尽情投身到几十个奇思妙想的分会场，或者去黑客松一显身手。

饱含热情的人们总是很开心地去结交朋友，新人们甚至会说"Devcon就像一场大学团聚，我们相互拥抱，相互欢呼"。

伴随着以太坊开发者大会的还有各式各样的黑客松，开发者是社区的血液，血液的流动，会促进整个社区健康且快速地稳步前进。对开发者们来说，各式各样的黑客松是他们大展拳脚的舞台，也是和志同道合的同人们切磋交流的难得机会。如果你是一位新人，通过黑客松加入以太坊社区是最好的方式。如果你在这里创建一个产品或者一家公司，将会得到顶级开发者的真实反馈和帮助。所有的黑客松活动对参与者都是免费的，因此赞助商是不可或缺的一个要素，能看到的是，越来越多的加密世界里的项目赞助商，不仅仅是圈内的项目，甚至也有来自更广阔的互联网世界的"金主爸爸"们。以太坊柏林（ETH Berlin）、以太坊开罗（ETH Cairo）、以太坊西班牙（ETH Spain）、以太坊多伦多（ETH Toronto）、以太坊悉尼（ETH Sydney）、以太坊开普敦（ETH Cape Town）……一个世界级的以太坊开发者和企业家生态系统正在悄然成长。

5.2 以太坊社区发展峰会（EDCON）

大规模的以太坊社区会议中，除了每年一次的 Devcon 开发者大会，还有全球以太坊社区发展峰会 EDCON（Community Ethereum Development Conference）。

EDCON 是由中国以太坊社区的灵钛（LinkTime）公司组织的非盈利性全球会议，每年在不同国家举办一次，主要是服务于以太坊的生态系统，分享最新的区块链技术研究、业务用例、投资、社区建设等内容，促进全球以太坊开源技术社区之间的交流与互动。

EDCON 已经举办过三届，2017 年 2 月在法国巴黎的欧洲商学院举行，2018 年 5 月在加拿大多伦多瑞尔森大学举行，2019 年 4 月在澳大利亚悉尼举行。EDCON 周活动上，有来自以太坊基金会核心成员、以太坊各开源社区和项目的创始人、开发者、研究员等人的前沿演讲，有面对面挑战的黑客松，还有当地社区和以太坊项目方组织的各种线下 Meetup、Workshop 和派对，热闹非凡。2018 年 EDCON 黑客松上，有一个获得第三名的团队成为亮点，这是一群由一位成人带领的平均年龄为 11 岁的小黑客团队，会议主办方还特意为四位小黑客颁发了"年

第 5 章
以太坊大规模协作的关键：自由共享

龄最小黑客奖"，以鼓励他们在区块链领域的开拓进取，其中一位孩子的父亲说，希望借此机会让孩子们感受编程和开发的乐趣。2019 年 EDCON 的峰会上尝试了主分会场同步进行以及小组讨论的创新模式，开展了"以太坊社区的争议性话题"的现场辩论。

曾经有人戏谑，区块链世界似乎总有着开不完的会议。拿以太坊来说，这主要是因为社区的参与者们天各一方，相距较远，会议逐渐变成了一种团结社区力量和思想交流的有效工具，参与者和爱好者在这里创造和感受跨时代的技术创新所带来的无限想象。

5.3 多元化的项目聚会（Meetup）

在以太坊生态系统中，除了像 Devcon 这种大规模的社区活动外，还有一种全球广泛分布、以本地化开展项目活动为主的社区形式：Meetup。Meetup 的特点是非常令人瞩目的，因为足够灵活，规模可大可小，谁都可以成为发起者。

Meetup 通常分为以下几种类型，并且根据受众和目标的不同，会采用多元化的形式来开展。

以太王国：
　　区块链开启薄组织时代

类型	目的	主题内容	参与者	形式
一般 Eth Meetup	吸引人们的兴趣	传播基础知识	新人；投资人	• 研讨会：适合涉及实际编码或测试实践的，以指导或构建为主的讨论； • 演讲：项目演示、技术更新、主题讲座； • 炉边谈话：一群人之间进行的非正式谈话； • 虚拟聚会：允许全球社区在个人层面上进行联系，就像离线会议一样，比如市场活动策划比较适宜采用这个形式
Eth 开发者 Meetup	讨论和交流技术	围绕编码、展示、测试等各种功能的讨论	开发者们	
Eth 利基 Meetup	相互赋能和经验交换，突破专业技术领域中可能的界限	某项专门技术的特定子集，更细分、专注的技术范畴	专业细分领域的开发者	
Token 工程 Meetup	一项集体行动，推动区块链的进步，创造新的 Token 经济	设计和推动 Token 生态系统，也是最前沿的 Meetup	开发者；研究者	
市场策展 Meetup	扩大社区规模	从推广角度介绍项目	投资人；开发者；用户	

　　为了尽可能减少参与者的彼此孤立感，各地的以太坊活动组织者正在通过有效沟通、共享知识和资源的方式去连接属地化的 Meetup 社区。在 Meetup 社区中，这样的一群利益相关者组合在一起，也会进行大致角色的分工。

第 5 章
以太坊大规模协作的关键:自由共享

角色	他们干什么	他们是谁
组织者	组织、推广会议	个人、团体、公司
演讲者	分享自己的见解,为社区提供价值	社区中经验丰富的成员
参会者	了解、参与	具有不同专业水平的社区成员、爱好者
赞助商	提供资金支持,换取对社区曝光的机会	团体、公司

各种社区活动正在成为社区框架的价值主张。如何建立和维护免费且高质量的社区活动,是所有参与的组织者共同关心的问题。开源项目 Protea 一直在探索以太坊的各种社区活动,其向以太坊社区成员提供方便的社区活动参与证明,也总结出了关于 Meetup 的一些特性和规律。

社区活动集中在两个角度发力,一个是动态与多元,作为一个开放式组织的拥趸和范例,其过程和结果之一是很大程度上倡导和形成多元化的文化,包括不同的地理位置、不同肤色的人们,天马行空的思想,百家争鸣的产品。另一个是调节与控制,为什么要这样做,就像我们常说"我们无法让所有人对自己满意或者感兴趣,我们要找到那些志同道合的人们"一样,控制的结果是有利于筛选出更加彼此趣味相投的伙伴。这两个角度又可以细分到四个执行层面上。

以太王国：
区块链开启薄组织时代

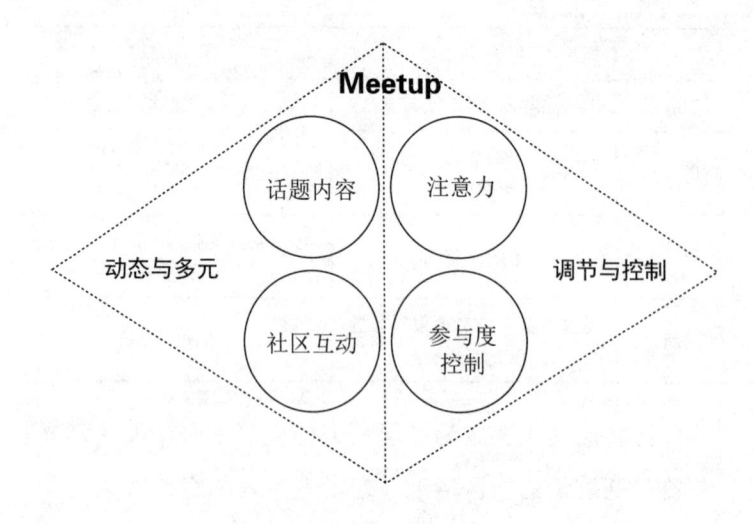

```
                    Meetup

              话题内容      注意力

   动态与多元                    调节与控制

              社区互动      参与度
                            控制
```

（1）话题内容，更多的是人们注意到，在策划一场知识聚会的时候，要让专业性与多样性并驾齐驱。以太坊本身包含了技术、经济学、社会学等广泛知识，所以要做的是吸引在各个细分领域都有专业级水平的成员来社区观察和分享，并鼓励多样性思想火花的迸发和迭代，逐渐形成一个强大的动态知识库。一个有趣的现象经常会发生：有时候会出现参与者的知识广度和深度超越会议上提供的内容。智慧在人群中流淌，相互输出式学习方式是最好的群体学习方式。

（2）社区互动，关乎成员间关系的运营，最直接的互动是让人们既重视自己的所得，又能帮助到别人，输入输出两不耽误。比如提供多个产品，将演讲与操练结合起来，让聚会既含

第 5 章
以太坊大规模协作的关键：自由共享

有优秀演讲者的演讲，又有极具挑战性和令人兴奋的编程练习甚至是竞赛，让每个人都积极参与进来。又比如，鼓励经验丰富、在社区浸泡比较久的老成员回馈社区，引导新人并在他们的整个学习过程中指导他们，这样的好处不仅仅是可以提高与会者对整个社区的参与度，还能使新人和回馈者都获得好处。如果要吸引不同的人群，可以举办不同类型的聚会，既可以是一个大型活动，也可以是一个更亲密的小范围专业活动。

（3）注意力，人们需要更多地关注有共同语言的人。人们都来自不同的国家，有着不同的知识结构、认知水平和文化信仰，即便是单纯解决成员之间的知识鸿沟就已非易事。因此，要对聚会的目的保持信心，吸引那些认为你所做的一切是有价值的人。当学会接受这一点，会让你交付你最擅长交付的东西。另外，特别需要关注的一点是，现场的聚会文化可能会过度延伸，以至于新来的人员被疏远。在理想情况下，任何想了解你所提供的东西的人，你都应该张开双臂欢迎。

（4）参与度控制，是指使用技术手段筛选参会者，目的是吸引合适的人群，简单的过滤技术可以帮助想要来参加的人们了解对会议所需专业水平的期望。比如以太坊的黑客松 ETH Spain 在一次编码研讨会邀请函中添加了一个编码测试，以解锁关键的 Meetup 信息。这个测试让任何感兴趣的人都能感受到预期的技能水平，当然这也意味着知识水平较低的人会被拒之门外，从另外一个角度来说，或许这也有助于他们意识到自己的技能还有哪些不足。

以太坊的 Meetup 社区正在以惊人的速度增长，这股热潮让我们能预见的是，依据地域属性兴起本地化的各种聚会正在以其独特的角度与全球连接起来，世界上任何地方都可能在全球范围内讨论更为复杂和实验性的概念，人们越来越以圈层化的形式相聚在一起，规模大小不重要，共同语言才是核心，即使小众也有受众，这种趋势已经到来。

5.4 EthHub：互助式知识学习基地

EthHub 是由两位以太坊爱好者创建的，一位是 Eric Conner（埃里克·康纳），迷上比特币后又迷上以太坊，尝试在以太坊上做应用，一直在尽他所能地学习有关以太坊的知识，过程中结识了一些社区里的优秀人士。另一位是 Anthony Sassano（安东尼·萨萨诺），在澳大利亚一家电信公司的网络安全部门工作，2017 年加入以太坊社区。2018 年年末，Eric 和 Anthony 觉得以太坊需要一个更好的社区资源，于是产生了创建 EthHub 的想法，即提供一个"旨在解决以太坊生态系统中信息不对称问题"的可访问存储库，2019 年年初他们推出了由开源文档组成的 EthHub。

第 5 章
以太坊大规模协作的关键：自由共享

EthHub 社区的目标是给任何对以太坊感兴趣的人传递以太坊的信息，可以是用户、投资者和开发者。在这里，人们讨论与以太坊有关的当前工作、发展或新想法，这些讨论可以作为以太坊治理过程中的一个信号，这样做的另一个好处是能让核心开发者们将重点放在技术讨论上。

社区里的学习由三部分组成：第一，资料学习，其中包含"来源和易于理解的文件"；第二，以 Podcast（播客）的方式收听以太坊的主题内容，比如访谈以太坊社区的著名成员；第三，阅读以太坊的每周时事通讯。通过整合信息的方式让新手和长期关注者都受益，新人可以享受到易于消化的信息，而老人们可以了解生态系统的所有进展。

Anthony 还表示，他和他的同事"不想成为 EthHub 上发布的内容的看门人"，但他们也只希望向"已经证明自己是 EthHub 增长和维护的宝贵资产"的社区成员授予 commit 访问权限，社区里高级成员将被选出来讨论手头最重要的主题。在虚拟社区里，基于声誉的信任管理模式是一个重要且长期的实验。

5.5 以太坊社区大会 EthCC

以太坊社区大会 EthCC（Ethereum Community Conference），是由一家法国的非营利组织 Asseth 筹备组织的。Asseth 自

2016年年初,一直在推广和分享以太坊及其生态系统方面的知识。

2018年3月的以太坊社区大会,3天时间里讲座数量超过了100个,参与人数超过了800人。2019年3月的巴黎大会,更是汇聚了世界各地的以太坊社区成员,不仅包括来自各地的专家,还吸引了刚到来的新人、非技术人员、研究人员、学生群体等的驻足,到场的参会人员有上千人,现场演讲嘉宾250多名。以太坊有能力吸引分布在全球的相对广泛的不同个体。

5.6 企业以太坊联盟 EEA

除了以太坊去中心化网络的开发者之外,支持和扩大以太坊社区的组织和联盟也已经出现,比如成立于2017年3月的EEA。企业以太坊联盟EEA(Ethereum Enterprise Alliance)由微软、英特尔、摩根大通、顾问公司Accenture、西班牙银行Banco Santander、汤森路透集团、ConsenSys等20多家公司共同组成。

该联盟致力于整合区块链技术与企业机构,目标是推动以太坊区块链技术作为开放标准,让企业用户们能更容易将以太坊区块链平台在商业中应用。社区成员由领导者、采用者、创新者、开发人员和企业组成,他们希望合作创建一个开放的、分散的互联网。仅仅一年之后，EEA 的成员就发展到 500 多个。创业公司、企业、基金会和组织都聚集在一起，为以太坊生态系统的持续发展做出贡献并从中受益。

以太坊生态里冒出的大大小小活动、组织远不止上述提到的这些，还在继续发展和扩张中。当人们对以太坊本身建立了广泛的信任，新的组织群体就会源源不断地产生。如同 Michael T. Hannan（迈克尔·T.·汉南）在谈到组织生态时说的那样，组织数量的增加本身可以作为日益制度化的标志，即组织在认知上和文化上都越来越被承认和理解了。

第6章

以太坊生态系统里的协同伙伴

以太王国：
区块链开启薄组织时代

> 多样性是由反复试错学习引入的，这种学习过程不一定反映高智能。一个新的行为模式可能作为旧行为的一个随机的变形而被接受，或者一个新的策略可以在以前的经验和怎样才能在将来做得最好的理性的基础上形成。
>
> ——W. Richard Scott（W.·理查德·斯格特）

比特币、以太坊作为去中心化结构的先行者开启了信息时代的一扇窗，随之而来的是区块链版图里的百花齐放，在信仰开源、自治的世界里，个人、团队、公司、非营利机构、其他组织喷涌而出。以太坊生态系统里面的项目上千个，我们仅找出三个代表案例一探究竟，看看后来者是如何继承以太坊的理念，在进行生态系统协同工作的同时走出自己的创新之路。

6.1 "公司—社区"模式：从以太坊社区走出来的Kyber

选择Kyber，是因为它是Vitalik曾经公开支持的一个公链项目，同时也在彼时吸引了较多的关注。因为我要做采访，朋友推荐了韩国社区负责人Kim和中国社区负责人Lucas。

Kyber是什么？

Kyber是以太坊网络上的一种数字货币支付工具，也是一个去中心化交易所。Kyber通过自动执行的智能合约实现用户在代

第 6 章
以太坊生态系统里的协同伙伴

币之间的即时交易，通过丰富的 API 实现便捷的用户使用和社区管理。

从组织结构上来说，Kyber 没有选择以太坊的非营利性基金会模式，而是选择了另一种法人实体：在新加坡注册了一家私人有限公司 Kyber Network Private Limited。在项目初期，有一个公司的资质办理一些必要的日常经营事务会比较方便。一开始的选择不一定代表了未来的方向，Lucas 跟我说："想把一开始比较难的事情做起来，未来交给社区的开发者们由他们来继续，就像比特币、以太坊那样。因为我们做的流动性协议是开源的，都在 Github 上，是经过许可的，其他人如果不支持我们的开发方向，完全可以去分叉，在我们的基础之上来做任何想做的。"

有了公司，必然会有属地。不同于传统公司的集中式办公，Kyber 的团队是分布式的。尽管总部在新加坡，但是人员分布是全球化的，这也正是区块链与生俱来的特性之一。

三个创始人天各一方。

Loi Luu（洛依·卢），新加坡国立大学博士，专注于研究加密货币、智能合约安全和去中心化共识算法。在 Kyber 成立之前，Loi 为以太坊智能合约开发了第一个开源安全分析器 Oyente，这是以太坊智能合约的第一个开源安全分析程序，以太坊的开发者们现在还在使用，当然也有一些公司基于这个工具继续开发。他还为公共区块链设计了第一个分片协议，启发了 Zilliqa（一个运用分片技术的区块链项目）。他通过成立 Kyber Network 继续支持区块链的去中心化和无信任财产，为社区带来灵感和发展价值。

Yaron Velner（亚龙），特拉维夫大学的计算机科学博士，研究重点是区块链协议中的博弈激励论和智能合约的形式化验证。Yaron 还是一位经验丰富的软件开发人员，在 EZchip（芯片供应商）半导体领域拥有超过 10 年的高级软件工程师和技术领导者经验。他是数据结构和算法团队的成员，为 IP routing 开发了新的数据结构。Yaron 也是以太坊社区的活跃分子，在以太坊的找漏洞激励计划中帮助以太坊找出多个技术漏洞。

Victor Tran，高级后端工程师和 Linux 系统管理员，他在构建高性能多平台应用程序方面经验丰富。Victor 从 2016 年年初开始参与区块链和加密货币开发，并且是 SmartPool（去中心化 PoW 矿池）项目的首席工程师。

SmartPool 是他们和 Vitalik 早年一起做过的一个开源项目，是一个去中心化加密货币的矿池解决方案。Loi 从这个项目的社区获得了灵感，创建了 Kyber Network 项目。因为早期的区块链行业并不像 2017 年那么炙手可热，行业内也没有那么多人，项目也没有那么多，反而大家会很容易聚在一起做事情。他们拥有了一段在以太坊社区里的共同经历，从相识到合作，大家

第 6 章
以太坊生态系统里的协同伙伴

建立了对彼此的认可,一切水到渠成地汇聚在 Kyber 上。

Vitalik 出现在 Kyber 项目的顾问名单中,是他为数不多的站台项目之一。Vitalik 担任技术顾问,在平台构建和设计方向上提供了一些建议。这一超级光环也成为项目吸睛的重要因素,吸引了区块链领域一批顶级投资者,也刷新出令人瞩目的众筹规模。

在众筹的前夕,感兴趣的人们慕名前往 Kyber 社区,一时间人声鼎沸、热闹非凡,微信群、Telegram(电报群)里加入了很多人,Slack(团队协作工具)里加入的人数超过 3 万人(同期其他项目的 Slack 里大概只有几千人),中文群和英文群加起来大概有 6 万人,中国人占了 30%,最终完成 KYC 进入白名单的有 3.5 万人。(KYC 即 Know Your Customer,金融术语,意思是充分了解你的客户,KYC 政策不仅要求金融机构实行账户实名制,了解账户的实际控制人和交易的实际收益人,还要求对客户的身份、常住地址或企业所从事的业务进行充分的了解,并采取相应的措施。)在 2017 年 8 月至 9 月期间,Kyber 共筹集了约 5200 万美元。

在团队构成方面,首席执行官 Loi 在新加坡带领一个近 20 人的团队,包括核心开发者、运营、研究团队,一方面做跨链、扩容方面的研究,另一方面也给别的项目提供技术支持。因为他们做的是 toB 的技术,有一些核心开发者帮助别的项目开发者来使用他们的技术,还处理一些诸如法务等运营方面的工作。Victor在越南带领一个30人的开发团队,主要做偏前端类的开发,比如网站建设,用于帮助其他开发者使用智能合约的插件或者API等这个层面的开发。还有一个10人的智能合约开发团队,则在以色列由首席技术官Yaron带领。

除了占据重头的开发人员以外,在韩国、中国及欧洲一些国家都会有一个地区负责人,他们零零散散地分布在世界各地,人数比较少,主要的职责是跟当地项目和开发者接触,建立本地化的社区,同时也宣传自己的项目。社区的划分主要是根据语言。

Lucas介绍了他的工作内容,主要负责商务拓展、维护开发者关系,以及和中国开发者相关的事务。目前最主要的任务是吸引开发者和帮助开发者使用Kyber的技术,但其在语言上有些挑战,因为国内开发者能直接和国外开发者用英文沟通的还比较少。"学好英语,走遍世界都不怕",在20年前和20年后同样适用,从诞生就面向全球的区块链项目尤其如此。

6.1.1 社区搭建四部曲

什么是区块链社区?如果要给一个圈外人士解释,怎么说比较好?Lucas是这样跟我说他对社区的认识:"我个人的理解,社区更多的是,一群人在某些方面有共同的价值观,比如以太

第 6 章 以太坊生态系统里的协同伙伴

坊社区,可能有些人从来没有接触过,比如没见过面、没在网络上聊过天,但是他们相信开源,相信去中心化,他们就是个社区,只不过联系可能还没有建立起来。简单说,社区就是相信类似的东西,并且对其有很大兴趣的人群的集合。"

罗马不是一天建成的,社区也需要一点一滴地建立起来。Kyber 社区搭建四部曲如下所述。

第一步:做文档。Kyber 一开始的起点比较高,在协议还没有正式上线之前,就吸引了一批开发者。协议上线后,为了方便开发者了解 Kyber 和吸引更多的人进场,他们做了一件事:把 Kyber 的技术都形成文档,并做了一个开发者门户网站,其中提供了很多帮助类的文档,比如技术构架是怎样的,如何使用这些技术,有哪些帮助开发者使用技术的工具以及如何使用。

第二步:建群。一开始是零零散散的开发者主动上门联系,接下来运营团队建立了自己的开发者电报群(国外用的 Telegram,国内用的 BiYong),并把这个群分享到各个渠道,感兴趣的开发者们看到了就会自行加入 Kyber 群。有了群,就像有了一个虚拟的根据地。

第三步:BUIDL with Kyber,举办黑客松,也举办类似以太坊的 Devcon、ETHBerlin、ETHSanFrancisco 等很多开发者们聚集的活动,现场介绍项目,吸引感兴趣的人加入社区,为更多的开发者们赋能。

131

以太王国：
区块链开启薄组织时代

2018年年底的ETHSingapore，大约有250名黑客聚集到TheBridge（奕桥，新加坡的联合办公空间），在连续的36个小时里，共同开发了44个项目，其中有16个项目均使用了Kyber的协议，最后有2个项目成为本季黑客松的优胜者！黑客松开始成为区块链项目的热门活动，诞生了许多有趣的研讨会，大家聚集一起探究关于区块链行业当前面临的挑战，并借此机会在黑客松中与其他项目团队互相交流。最重要的是，很多令人眼前一亮的想法在现场被付诸实践！Kyber的工作人员说，"我们收到参赛者的作品后，遗憾当初没有设定更高的奖励，并且对这些才华横溢的团队提出的创意想法感到惊艳。"

第四步：投项目。高手在民间，社区是一个宝藏，饱含着灵感和智慧，常常能激发出不错的创意和项目。任何区块链项目都有壮大生态系统的愿景，并且从一开始就与自身成长并驾齐驱，Kyber也不例外，其向助力生态系统的相关项目提供早期的启动资金支持。

这种支持类资金分为两类：一种是现场活动类，当有黑客松的时候，提供奖金和一些点子，开发者们用他们的协议去做一些东西，再经过评审，他们就能获得这部分奖金。另一种是开发者兴趣类，开发者对Kyber的技术、产品感兴趣，想直接用Kyber的底层技术继续做开发，如果Kyber觉得项目不错并且对生态有贡献，双方经过沟通和了解之后，一拍即合，开发

第 6 章
以太坊生态系统里的协同伙伴

者就能拿着几万美金的奖金开开心心地去做事了。

但凡提到钱，就会涉及一些问题，比如如何定价，是一笔全付还是分期支付？如何进行过程管理？项目如何验收？事情总是出乎意料的。他们一个项目一个项目地看，没有统一标准，没有固定流程。由开发者自己做计划、提要求、自我管理。至于奖金的额度，主要的取决因素是这个项目能给生态系统带来多大的贡献。

一个很现实的问题又跳了出来，这是可能存在的，涉及社区模式的一个弱点，那就是开发效率可能不是那么紧凑。这个取决于人，有的人积极性更高或者效率更高一些，完成度就好一些，反之，有的人会拖沓，完成度也会不尽人意。在现实的公司环境里，我们也常常遭遇到这种情况，那么区块链世界是如何面对这个问题的呢？

Kyber 的对策是，关注团队本身，尽量寻找熟悉和了解的开发者团队。如果团队本身具有比较好的背景和声誉，就比较容易受到青睐。然后，根据他们的短期需求提供资金，一定程度上能够把风险稍微降低。不过，当 Kyber 生态规模发展壮大，面临一堆项目嗷嗷待哺的时候，大概率需要一套筛选机制和项目管理流程。

在采访 Lucas 的时候，他说 2019 年是一个新起点，除了要实现白皮书里的承诺外，还要将 Kyber 正式化为一种适用于支持智能合约的流动性协议,更重要的是向去中心化世界的核心基础设施道路上迈出积极的第一步。

  Kyber 的长期目标是成为分散式经济的主要交易层,促进所有类型的 Token 之间的及时流动,这是大量经济用例所需要的属性。为了实现 Kyber 的长期可持续性,他们需要一个强大的由开发者、网络维护者、合作伙伴和 KNC(Kyber 发行的 Token)利益相关者组成的社区,一起维护、发展和管理 Kyber。这个社区将需要一起工作:构建技术,理解整个系统以做出良好的建议和决策,并帮助推动最终用户、应用程序和其他链上的实现的采用。

  发展这样的社区并非一蹴而就,需要几年的时间。发展这样的社区也不能采用单一的形式,它主要通过三种形式。第一,继续提高认识,加强教育和技术培训,使具有所需知识和专门知识的社区成员达到临界数量。第二,为社区提供一个肥沃的土壤,帮助成员制订决策、协议传播、创建新的用例和改进核心源代码。第三,通过公开赠款、建立书库和参与奖励的形式,建立公开、透明和可持续的奖励制度,奖励贡献者。

6.1.2 与以太坊集成,变身功能模块

  2014 年,当以太坊主网上线的时候,市场上的加密货币种

第 6 章
以太坊生态系统里的协同伙伴

类已经超过了 200 个,但真正让以太坊在业内名声大噪,且彻底改变"游戏规则"的是智能合约的诞生。也就是,像 ERC-20 统一代币标准的智能合约,能够让一个区块链支持各种不同的代币。智能合约技术除了能使开发者们在以太坊上编写去中心化应用程序(DApps),另一个主要应用领域是开源的去中心化交易所(DEX),或者类似 Kyber 这种基于以太坊区块链的数字货币支付工具。事实上,Kyber 也是一个去中心化交易所,通过自动执行的智能合约实现用户在代币之间的即时交易,通过丰富的 API 实现便捷的用户使用和社区管理。以太坊与 Kyber 的集成是去中心化交易所的一个范例。

随着越来越多的 DApp 被创建,不同加密货币的数量也在增加,这导致出现了一个更加碎片化的通证生态系统。未来,加密货币的持有者不太可能只持有传统的比特币或 ETH 等币种,他们的钱包里还会有大量其他项目的加密货币。在智能合约的支持下,日益碎片化的代币生态系统将被广泛地连接起来。

无论是 Kyber 的团队还是项目想法,都从以太坊社区里诞生。在 Kyber 自立门户后,又在继续向以太坊的生态系统做贡献。有时候,我们无法想象,在传统的互联网体系里,自立门户常常意味着竞争、排斥、不相为谋。区块链之所以神奇,是因为有很多这样的项目,尽管内容、方向不同,但都重复着同样的故事:把离开看作一次信任的投票。

> 以太王国：
> 区块链开启薄组织时代

  Kyber 的核心业务是开发基于以太坊的流动性协议 KyberNetwork.sol，以一个去中心化的方式来进行 Token 兑换的技术。他们认为这个技术有一些使用场景，去中心化的平台可以使用，不管是提高用户体验，还是给他们带来流量上的贡献。比如，对于很多"钱包"来说，开发者希望跟用户相关的事情都在钱包里完成，所以这个技术有吸引力，比如用户需要把 Token A 兑换成 Token B，传统做法是把以太币打到交易所，完成兑换后再提回来，对钱包来说比较难实现闭环。用户为了完成整个过程，就必须离开他的钱包。但用户其实想把所有动作都在钱包里完成。在国内，像比较火的 imToken（数字资产钱包）、Kcash（数字资产钱包）都在使用他们的兑换技术。

  2018 年 3 月，Kyber 上线了核心协议，现在是一个优化的过程，同时还开发了很多辅助工具和插件。事实上，众多开发者对智能合约并不是很熟悉，因为其有一定的学习门槛。尤其是商家和支付平台上的开发者大多都是普通的网页开发者，Kyber 就会提供一些工具和插件帮助他们降低使用门槛。这样，他们就不需要具备智能合约的知识和背景，直接用插件就可以接收加密货币和进行交易的确认。比如提供插件用于支持 EDCON 2019 的售票活动，过去他们只接受 paypal 这类法币售

第6章 以太坊生态系统里的协同伙伴

票,现在可以接受 ETH、DAI 等以太坊代币购票,且没有网络费之外的费用。插件的好处是,允许他们的开发者们快速支持这个功能,而不需要智能合约的背景知识。

再举个虚拟向现实渗透的支付例子,我们去其他国家旅游,需要使用外币。通常人们会带一张标有 VISA、MASTER 的信用卡,消费的时候银行会在后台把货币直接兑换成当地的货币,比如美元、日元,这个事情之所以能做成是背后有一个流动网络在支持。Kyber 做的也是类似的支付方面的流动网络,但是是链上的、去中心化的。比如有些商家希望避免加密货币的价格波动,倾向于接受 DAI 这类的稳定币。而商家用户选择用加密货币支付的时候,可以使用各种各样的 ERC20 来支付,在支付的瞬间,用户手上已有的加密货币可以转化为商家愿意接受的货币,就像前面出国旅游的例子一样,商家拿到他们想要的货币如 DAI,用户使用的是对他们来说最方便的货币如比特币、以太坊等。

众多商家往往分为两派:一种是信仰派的商家,比如一些小型的商家或者团队,他们愿意相信手中持有的比特币、以太坊等加密货币的未来价值,会囤一些加密货币,并且坚持使用;另一种是实用派的商家,接受不了币价大波动,或者对加密货币的未来完全不在乎,只是单纯地想当作一种支付方式来使用,

以太王国：
区块链开启薄组织时代

他们愿意接受稳定币，因为稳定币是跟美元锚定的。

一个新的概念需要解释一下，什么是稳定币？

稳定币（Stablecoins），顾名思义就是一种法币价格相对稳定的数字货币，它通过一些模型设计保证稳定币的价格在其所对标的法币价格以很小的幅度上下波动，从而保证在价格剧烈波动的数字货币市场中起到良好的资金避险、资产储值、支付结算等功能。

当前常见的稳定币有两种形式：一种是通过中心化的资产抵押实现，或者说是中心化的债务发行。在这种机制下，一家中心化的公司通过所持的资产来发行数字货币，并且声明这些数字货币背后有资产做支持，即数字货币价值挂钩某种价值确定的资产。锚定某种货币的价格，例如美元或者黄金，我们可以认为这样的稳定币是有支撑的，比如 True USD（简称 TUSD，是与美元挂钩的稳定币）、GUSD（GUSD 全称"Geminidollar"，是全球范围首个受监管的稳定币）还受当地监管，每个月会有第三方审计来公布他们银行账户的余额，这样大家就可以看到跟他们发行的稳定币是否匹配，有很多种机制来保证跟美元的锚定。

另一种是以区块链上的去中心化资产做抵押来实现，就是以数字资产作为抵押的稳定币，是通过过度抵押和智能合约实

第6章
以太坊生态系统里的协同伙伴

现的。这种机制允许通过封存抵押物（去中心化的资产）来创造稳定币，不过要求抵押物的总价值要高于所创造出的稳定币。抵押物被存放于智能合约中，因此使用者赎回这些资产不必依赖任何第三方。拿我们现实世界做类比，这一机制就像炒房人眼中的房产抵押。例如MakerDAO是用以太坊作为抵押，它的稳定币是DAI，虽然以太坊的价格今年波动非常大，但是DAI通过3∶1的过度抵押，能够保持对美元非常稳定的价格。DAI是完全存在于区块链上，不需要法律体系或信任方中介的，而是使用抵押来锚定机制的，只要相信以太坊，就可以相信这个锚定美元的机制不会有什么问题。

Kyber根据这些使用场景，会在各个国家支持他们的开发者，进入并使用他们的开发平台或者支付系统。事实上，在实际的全球推广中，各地的接受情况也不太一样，这关乎阶段与文化。

相比较而言，美国和欧洲接受度比较好。这是因为美国和欧洲进入区块链领域比较早，很多开发者在以太坊价格起来之前就在做开发的事情，并没有因为2017年的大牛市而忘记自己想干什么，因此早期开发者们不以获利为唯一目的，整体开发环境比较单纯和专注，对于同样专注技术研发领域的项目也比较友好。Kyber的项目团队进入行业比较早，声誉较好，加上Vitalik背书，项目在这些国家联络起来比较方便，并且在一些使用场景上也有很多的相关性，作为底层协议和工具，能主动地吸引开发者们找过来。

从文化角度来说，亚洲是一种类型，欧洲和美国是一种类型，Reddit 是非常好的代表（Reddit 类似中国的贴吧，项目会在上面有自己的分论坛）。如果一个项目既有微信群，又有 Reddit，会看到讨论的内容很不一样，前者的讨论更偏向市场，后者的话题更偏向技术和项目进度。在亚洲，中国和韩国的专业开发人员比较少，更多的人愿意去开发能快速看到短期经济利益的项目，比如在以太坊上做预测市场。并且，中国国内优质开发者很多在专注开发自己的公链，而不是基于某一个链去开发应用，欧美开发者去做应用和工具的比例更高。

项目多了，自然各类社区也就如雨后春笋般地冒出来。从单个项目来说，社区是有一定边界的，但区块链秉承的是免许可的自由出入，所以在社区之间会天然产生一些交往与联系。比如某个人，根据不同的需求会去不同的地方，可以一边在 Kyber 的中国社区里讨论币价，一边去 Reddit 里讨论技术，两边的氛围不同。在社区，项目方和项目方之间的交集也会天然增加，彼此会关注项目的进展和商讨合作的事宜。

第 6 章
以太坊生态系统里的协同伙伴

6.2 "公司—社区"模式：试验田里的 Status

某团队有一面墙，叫作"羞愧墙"，上面列举了社区提出的排名前十的问题，比如助记词存储在数据库中、证书检查不力、耳语包易于受到 DDos 攻击、集群单点故障等。

墙的发起者和投票者们说："无论出于什么原因，我们都不应该做这样的事情。这份列表来自我们中的一小部分人，他们在巴塞尔开会，思考着安全方面应该是什么样的，以及我们应该坚持什么样的原则。这是起点，而不是终点。他们已经在我们的脑海很长一段时间了，但通常隐含在少部分人的大脑中，而不是明确地在社区公开表达。这是我们对自身缺点进行透明的方式，所以我们可以一起解决这个问题。这甚至是我们核心 OKR（目标与关键成果法）的一部分，可以在未来几个月内解决排名前十的问题。祝我们好运。任何人可以通过代码、想法和讨论来解决这些问题。我们支付赏金，请不要客气。"

在瑞士巴塞尔的一个研讨会上，这个团队决定发布产品的初始版本，并就问题的紧迫性进行投票。作为一个扁平、远程协作的去中心化的组织，通过这样的做法，他们就"哪些事情不可接受"达成了共识。

这是以太坊的一个重要的项目——Status。之所以重要，是因为他们还负责了以太坊 2.0 中八个项目之一：分片客户端

> 以太王国：
> 区块链开启薄组织时代

Nimbus 的开发。Nimbus 是用 Nim 语言编写的，这是一种类似 Python 的语言，可以编译为 C 语言。中国社区负责人"江南西道"很自豪地告诉我，全球 Nim 语言和 clojure 语言（运行在 Java 平台上的编程语言）的顶级程序员都集中在他们那里。

之所以有趣，不仅仅因为他们以自曝其短的方式竖起了一面羞愧之墙，并号召人们跟他们一起打破此墙，还因为他们的主要编程语言很另类——小众的 clojure。我是第一次听说这门语言，非常费解为什么会有这样的选择，就不担心招募不到开发者吗？

答案出乎我的意料。他们告诉我，这是筛选开发者的一种机制，是 Status 项目和开发者之间在价值观上的一种相互筛选。Status 的核心团队是带有理想主义色彩的一群人，秉承自治文化。而 clojure 是逻辑性非常强大且使用简洁、灵活的一门语言，最重要的是它是一门执着于自己看法的语言。正是这样的特性，它受一群整日闭门不出的技术宅们青睐，因此精通这类语言的都是具有极客主义精神、理想主义色彩的人。这个语言及其背后使用者的特性与 Status 的价值观比较契合，所以团队选择了它，并希望通过它，聚集一批极客们来一起实现 Status 加密生活的梦想。关于招募开发者是否困难的问题，的确也是个双刃剑。但是当他们集合了这个语言最优秀的领军人物后，全世界研究和崇拜这个语言的人就会被吸引过来。所以，全世界精通这门

第 6 章
以太坊生态系统里的协同伙伴

语言的开发者们几乎都在他们的团队。他们相信更多的人在了解和学习 clojure 后，也会喜欢上它。

Status 的首席执行官 Jarrad Hope（贾拉德·霍普）也是一个理想主义者，2010 年开始参与区块链技术的研究。2016 年 10 月，他在以太坊 Devcon2 上提出在 Android 和 iOS 上实现以太坊轻客户端的构想。首席运营官 Nabil Naghdy 在谷歌工作了 7 年，主导的项目是 Flight，参与过谷歌 Map 的开发。顾问团队和投资人中有中国人最熟悉的分布式资本合伙人沈波。Status 于 2017 年 6 月 20 日开始众筹，项目人气火爆，一度导致以太坊网络拥堵，共众筹了 30 万个以太币，按当时以太币的价格，相当于募集了约 1 亿美元的资金。

Status 是一个雄心勃勃的项目，想要打造一个加密世界里的微信。Status 项目基于以太坊进行开发，能够保护用户的隐私安全，同时也要解决以太坊的众多 DApp 没有方便的浏览入口的问题。对于社交类产品，如何得到更多用户的认可、改变用户的使用习惯可能是比技术开发更加困难的事情，另外，Status 的流畅性和用户体验也依赖以太坊扩容技术的进展。

我在 Status 的中国社区里待了一阵子，发现人们一边坚守着 Status 的理想，一边抱怨如龟爬的开发进度，甚至在界面设计、功能模块上出谋划策。Status 的团队的运营模式尚不属于完全的 DAO，依然是"公司 + 社区"的模式，只是"公司"的功能度

143

极低，更多发挥作用的功能集中在社区。

如果要给当前的 Status 的结构下一个定义，仍然是"公司—社区"的混合体，核心贡献者需要接受中心化审查后，被有董事会成员的法人公司聘为全职雇员。这类混合体公司，相对于传统公司的控制型管理模式已经体现出了一些进化，比如把管理者与员工的关系建立在共识基础之上，将公司的原则、规则和逻辑都公开告知员工，将计划和决策过程透明化，达成同步和共识。

尽管如此，Status 一心想要改变这种混合状态，江南西道谈起他们的目标时，很坚定地告诉我："我们的法律实体终将退出，全面走向 DAO 的自治组织。"他本人是 2014 年开始加密货币挖矿和交易的，在更早时期听说"比特币买比萨"新闻时不以为然，虽然注意到了但是没有深入了解过，对比特币也是将信将疑，经历了"不信、不知、不敢"的过程。如今穿越了牛市、熊市，经历了财富的跌宕起伏，依旧被区块链的魅力所吸引，他因为热爱而选择了 Status，成为一名社区志愿者，怀揣着对 DAO 的憧憬。

他说，DAO 的精髓，就是取大多数的意见，可以是数量的大多数，也可以是权重的大多数。比如在社区里会设计一个信誉值的考核，信誉值越高回馈越高。所以大家希望提高自身的信誉值，多做好事，少作恶。在长时间里，作恶者就会得不偿失。

第 6 章
以太坊生态系统里的协同伙伴

信誉虽然是主观的,但是从统计学上来说,人们会认为通过时间积累的信誉值是客观的,比如觉得某个人是好人,10年里大家都觉得他是好人,那他就是好人。共识是一种动态运动,优胜劣汰是不断变化的,是靠人们最终认可的,群体行为反映的就是共识。就像现在的 Vitalik 短期内可以影响以太坊,但是他没办法控制以太坊,他只是以太坊的精神领袖。终极的 DAO,谁也说不出到底是什么样子,它是在运动中产生、发展、改变的,这是一个群体行为,群体意识在哪里,共识就在哪里。不管是中本聪还是 Vitalik,都只是长河中激起的水花,群体的共识是不以某个人的个人意志为转移的,是绝大多数人的共识,这点和历史很像,他们这些人是不能改变水流的方向,就像思想的进步、文艺的复兴,都是共识的变迁。

DAO 是一个理想,到底有多遥远,谁也说不出来,大家希望实现它,需要从各个学科去努力,比如加密学、博弈论、经济学等各方面,大家取长补短,都在努力推动往 DAO 的社区靠近。有这种激励措施存在,它才能有实现的一天。就像比特币一样,使人们对于趋势达成共识,大家都愿意参与社区治理,能够得到回馈、奖励,形成一种正向的激励。即便是 DAO 这个模型非常好,我们也要考虑到人性的各个方面,所以最终只有靠时间来验证一切。

6.2.1 社区里的三类角色：贡献者、创造者、策展人

与大多数项目类似，Status 的社区活动也是按照区域划分，但他们不打算进行明确的分工或者在一定时期内固定某种角色，而是给社区结构划分出了三类角色：贡献者、创造者和策展人。

全社区的人都可以在这三种身份中随意转换，也可以同时拥有一个或者两个甚至三个身份。你可以在这一刻做贡献者，也可以在某一时刻变成策展人，没有限制。他们这样的设计，是希望得到社区成员的帮助，一起思考无须许可的社区以及活跃高效的社区结构所面临的各种问题。

第一类，贡献者，是代码优先的极客们。他们都非常清楚项目愿景，偶尔，他们会从自己的小房间里出来，去看看外面的世界，但是很少在外待一整天。这样的人能迅速理解 Status 面临的技术挑战，并且希望把自己大部分的时间泡在 GitHub 或者线下代码编辑器里。他们试图搞清楚一种方法，让普通人理解、使用、享受全新的堆栈技术。

第二类，创造者，是自带技术与智慧光环的一群人。他们通过理解项目背后的愿景和使用的方法，向贡献者所做的技术项目提出需求。他们会去做一些创造新的、让人感兴趣的、让人着迷、让人受教育的内容，还会在全世界举行各种活动和见面会。他们是"骨灰级"程序代码和现实世界的纽带。

第6章
以太坊生态系统里的协同伙伴

第三类,策展人,是一群豁达、贴心的人。他们有能力协调社会资源,他们有很多的想法,并让这些想法持续呈现在聚光灯下。他们引导人们对所有事物进行更加深入的讨论,收集每天讨论的热点话题和社区反馈,然后提供给贡献者和创造者促进程序迭代。

三种角色的组合,有一种刚柔并济的感觉,像是一个理想中完美协作的人类社会。社区的成员们可以提出任何意见和想法。他们曾经在社区做过一个实验,在社区里抛出一个问题:"你希望团队去开发什么样的功能?"这些功能可大、可小,比如"@某某"或者"发图片、发语音"等都可以。逻辑上,社区把他们需要的功能列出来进行投票,哪个功能需求量大、投票数高,核心团队就优先考虑做哪个。所以,他们为此也开发了一个社区投票APP,目的是让社区的事务交由社区来做决定。你拥有多少SNT(Status的代币),在社区里就会按1∶1的比例对应多少票,当你需要对某一项提议进行投票的话,就可以直接去支持。

起初对于一些方向性的问题或者决策,团队也试图让社区来决定。事实上,有时候的结果并不如想象中那么完美。社区投的票有很大的影响力,在建设初期会作为重要的参考数值,但不能作为唯一的决策依据,投票更多的是代表个人的意愿,而当前的起步阶段还要考虑是否符合整个社区环境和生态环境的需求。这也涉及人与人之间在认识方面的差别，就像刚刚那个开发什么功能的问题，有人说"我需要视频功能"，并投了很多票，可是他并不清楚当前整个去中心化生态系统中，包括以太坊，还不能支持去中心化的视频功能。所以，不太了解整体情况的社区成员会可能投出这样的情况。

6.2.2 原则与工具相辅，构建社区的价值观

2018 年的秋天，经过漫长的讨论，Status 最终达成了一套大家似乎都同意的原则。近百名的核心贡献者中超过半数同意并签署了这些原则。Status 的目标是广泛采用去中心化的网络，在接受实现大规模使用的挑战同时坚守着六大原则。其中有两条是关于透明和开放的约定。

- 透明。我们力求在组织内部实现信息的完全开放和对称，并且在我们的核心贡献者和我们的社区之间没有区别。
- 开放。我们创建的软件是一个公共产品。它是通过免费和开源许可保障的，任何人都可以共享、修改和从中受益。我们相信免许可参与。

这些原则成为用于思考、沟通和去中心决策的工具。核心贡献者的主要工作就是确保整个团队和核心产品朝着正确的方向前进，这个方向就是大规模应用以及遵循 Status 的原则。

第6章
以太坊生态系统里的协同伙伴

作为一个以价值观为导向的社区，意味着愿意做出取舍，以尊重自己认为正确的东西，例如信任混乱，让组织按照原则发展，而不是试图通过创建领导结构来快速取得进展。以协商一致的方式工作，比如通过对提案进行投票，可能看起来比较慢，但是他们仍然认定组织应该这样有机地发展。

甚至在日常的交流工具上，Status 也在践行着他们的原则，虽然 Status 也曾让人眼花缭乱，一度造成很多人找不到他们的主要交流平台在哪。起初，他们在 Slack 上沟通和工作，但是垃圾广告特别多。由于核心团队遍布世界各地，他们的交流都是通过远程通信工具来进行的，于是你会在 Slack 上看到：一边是开发者在聊代码等技术问题，一边是社区成员讨论市场币价，相互干扰，尤其是影响开发者。而且有一次在 Slack 上发生了欺诈事件，因此为了保护社区成员，将不同内容的讨论区分开了，随后的 Slack 上只保留了技术类的交流，非技术类讨论转移到了 Telegram。没多久，社区交流中心再次转移到了 Riot（社区网络产品）上，Riot 是 Status 投资的一个项目。

Slack 很快也被"抛弃"，尽管它早期对 Status 团队的帮助很大，团队每天都使用它来聊天、创建项目、开展协作，并策划如何改变世界。问题是使用 Slack 违反了他们的原则，例如隐私、安全性、透明、去中心化、包容性、开放性……几乎全部。在以太坊 Devcon4 期间，团队完全关闭了 Slack 频道，并切换至 Status 公测版来进行主要的社区通信工作。Status 是第一个使用 Status 的社区，所有这些桌面功能也将成为移动端的一部分。团队每天使用 Status 的好处是，能够更加方便地改进工具和优化性能。

用 Status 替代 Slack 工具，正是他们一个优雅的开端。

6.2.3 以核心贡献者为节点，创建蜂群空间

在每一个社区里，核心贡献者就像大熊猫一样珍贵，需要呵护和支持。在这个开放、分散和激励发展的世界中，核心贡献者往往有着更大的权力和影响力来决定事情的发展方向，随之而来的也是责任。Status 希望未来所有的核心贡献者都是伟大的节点，领导蜂群，并与世界各地的个体贡献者取长补短。

在 Status，最多的时候有 100 多名核心贡献者。他们的工作体验备受关注，他们在加密世界中获得报酬也是一个很好的发展势头。Jarrad 曾经发邮件询问核心贡献者是否愿意完全使用加密货币支付其工资，统计的结果是"67% 的人准备接受加密货币"。在奔向 DAO 的道路上，使用加密货币支付薪资将是一个趋势。

除了酬劳的区块链特色外，创始团队在思考如何对待核心贡献者方面也尽可能地展现开放性。比如一次 People Ops（招聘工具）会议上，团队探讨了如何让 Status 成为核心贡献者能

第6章
以太坊生态系统里的协同伙伴

够在不受传统组织结构约束下成为最佳的工作地方——他们称之为"Project Flatten"。创始团队认为：

（1）我们要"退休"了，意思是法律实体作为一个组织运作的方式要逐渐退出，运营权交给社区。这并不意味着不需要所有权和问责制。理想情况下，每一个团队——无论是群体、团队、功能，还是任何其他由核心贡献者组成的临时团队——都将进行治理讨论。在那里，他们就需要什么功能以及谁将拥有这些功能进行投票，在讨论中记录这些结果，以便能够轻松地确定谁对什么负责。

（2）在财务方面，我们将实施更加透明的做法，公开各项费用报告，取消审批级别，设立"足智多谋"奖，并将继续努力提高透明度。

（3）人事部门将负责大多数与新员工指南、贡献者经验、培训、提供反馈、绩效轨迹等相关的任务。

（4）记录关于讨论透明度的想法和项目，欢迎来自所有核心贡献者的跨职能合作和辩论。

（5）在引入新的核心贡献者时，招聘团队将尝试基于共识做出招聘决策。虽然"人领导"（由一个人拍板决策的领导方式）不存在，但仍然可能有一个负责人，负责人没有权威的决策权力。

Status 的团队经常讨论非常重要的事情，关于如何看待 Status 的使命和个人贡献，关于相信什么，以及是什么在推动人们前行。团队希望以一种不加过滤的个人方式与人们分享这些愿景。由于核心贡献者们分散在世界各地，考虑到在同一个物理位置的可能性很小，于是尝试了不同的聚会方式，并与同一地点的人有相同程度的互动。

于是，诞生了一个名叫"Ideajam"的活动，它的灵感来自团队引导技术中的"欣赏式探寻"，来自激发和分享想法的欲望，而不是执行它们。在现在的互联网企业里，有很多引导技术的培训师使用这项培训技术。Ideajam 让大家有机会花时间和另一个人在一起，讨论具有挑战性的话题，发现一些新东西，为未来的合作埋下种子。为了每个人都可以参与其中，并且保证一定的输出，团队创建了一些指导原则，比如"创意干扰者"发表作品不需要事先得到任何人的批准，因为自上而下的指导会导致创新的丧失，并阻碍人们参与组织的发展。又比如建议所有的 Ideajam 不超过一小时，其中 40 分钟用于查询和讨论，讨论结束后再用 20 分钟发表一篇 200～400 字的文章，读者们大约只用花 2 分钟左右的阅读时间。

一切想法和行为，都是围绕核心贡献者打造一个更加舒畅、自如的空间。

6.2.4　人力资源管理新方式："贡献者/社区"挑战"员工/雇主"

如何管理一个由大约 100 名贡献者组成的完全分布的、分

第6章
以太坊生态系统里的协同伙伴

散的和流动的网络，一直是一个有趣的挑战。沉浸在这种新型技术背后的理念，以及它如何影响社区的治理，也让大家受益匪浅。

Status 认为，"首先必须改变我们的思维方式，从'员工/雇主'关系转变为'贡献者/社区'生态系统。本质上，创始人及团队是来服务的，不是来掌舵的。在一个非常基本的层面上，他们开始摒弃源自经典人力资源的一些管控性原则。员工和承包商是团队成员，团队成员与外部贡献者共同成为一个社区。"

面对一个贡献者的分散网络，许多假设工作场所是集中式的，基本人力资源概念就不那么适用了。一个例子是人力资源体系中的绩效管理。虽然 Status 也使用了 OKR 工具，但他们深思熟虑了很久，问自己一些问题来挑战根深蒂固的信念。绩效管理的目标是什么？谁能从根本上受益？这个分散的工作方式应该是什么样的？

所谓绩效管理，是指各级管理者和员工为了达到组织目标共同参与的绩效计划制订、绩效辅导沟通、绩效考核评价、绩效结果应用、绩效目标提升的持续循环过程，其核心是帮助员工有效地为公司目标做出贡献。然而，如果贡献者已经是高度驱动和自我激励的，组织还需要非常谨慎地规定学习和发展的时间吗？这是否可能扼杀已经存在的内在动机？同时，许多绩效管理系统都假设每个员工有一个主管，主管有权对员工的工

153

作做出评估性判断。这也不符合 Status 分散的价值观。

　　找到与分散的工作方式相一致的性能管理工具和软件是很困难的，以太坊的核心团队也在不断地探索和尝试，试图创造更好的项目管理工具和机制。在工具方面，Status 经历了一段小插曲。在项目初期，因为资金比较充裕，只要你有能力就可以加入团队，你什么时间干活，怎么安排内容，都由自己决定，没有人管你，完全不像传统公司的权力结构，不会有领导管着你，不会有人给你派任务，不会有人监督你。在这个完全放任自流的过程中，工作效率和目标达成不尽如人意。于是，团队在公司内部使用了互联网公司普遍流行的 OKR 管理工具，OKR 只面向雇佣的全职员工，在关键时间节点起到目标提醒和督促作用。

　　另一方面，Status 也在考虑利用圈子为贡献者提供反思和学习的机会，而不需要任何自上而下的指导或命令。对许多人来说，加入这样的一种组织是一种未知的探索，它会要求贡献者能够适应多重维度的概念，比如远程工作、扁平的层次结构、区块链社区、分散各地的组织。即使这些大的概念中有一个对团队成员来说是新的，也可能会导致一个混乱的开始，但是把它们放在一起可能会让人不知所措。因此，认识到人们来自不同的背景是很重要的，社区需要满足他们的现状，尽可能平稳地支持过渡。同时，雇佣那些已经尽可能与项目的价值观保持一致的员工变得更加重要。

Status 秉持着这种思考，向新加入的核心贡献者们提供了一些帮助性的资源。

（1）一个持续更新的开源手册，整理了关于工作的基本信息。

（2）一个好友程序，将有经验的贡献者与新手配对。好友成为新手的向导，每周都通过电话来辩论他们的哲学、价值观和工作方式。

（3）区块链 101 季度工作坊，为新员工提供基础培训。

（4）推荐阅读列表，为最有影响力的思想家的作品设置路标，帮助新的核心贡献者们迅速适应环境。

（5）信息的可用性，每两周一次的市政厅会议、讨论和头脑风暴，易于参与或聆听，新的贡献者能够跟踪项目的思想和进化。

当你在一个陌生的环境中迷失和困惑时，你很容易退缩，或者不愿意主动把问题说出来。当身处一群志同道合的伙伴中，在一个透明的规则下，相互帮助、检查和支持，你将会走得更远。

6.3 "集团公司"模式的 ConsenSys

在以太坊的生态系统里，一个名叫 ConsenSys 的公司算得上是支持以太坊生态发展的中坚力量。ConsenSys 名声在外，

以太王国：
区块链开启薄组织时代

不仅仅因为创始人 Joe Lubin 曾经是以太坊联合创始人，更重要的是，它围绕以太坊构建了许多不同的项目：开发工具、开发项目基础设施和流程，给以太坊带来了大量的资源流动，比如 MetaMask（数字钱包）允许用户从 Web 浏览器登录以太坊，下载量超过 100 万次，又比如同样百万次下载的 Truffle（以太坊 Solidity 编程语言开发框架），帮助开发人员管理和测试部分用于构建以太坊应用程序的代码。所以有人说，ConsenSys 从成立之初到现在，为以太坊生态系统所做的贡献比任何公司都多，不仅仅是在以太坊生态，在整个区块链系统中也是最具连接性和最具影响力的公司。

2015 年，Lubin 离开以太坊后创建了 ConsenSys，不同于其他项目的是，他并未一开始就发起融资。在这个去中心化未来版图中，Lubin 本人同时担任了架构师、首席执行官和投资人的角色，用个人加密货币存款为所有 ConsenSys 的项目提供资金支持。因此，可以说 ConsenSys 是第一个区块链版图中的加密企业集团，在 4 年的时间里拥有了 50 多家公司，种类繁多，如供应链公司、预测市场应用类公司、医疗数据公司、网络安全咨询公司。ConsenSys 雄心勃勃地要将这个集团公司发展成为一个为去中心化世界构建应用程序和基础设施的全球"有机体"。

ConsenSys 对区块链和分布式账本技术充满信心，认为这是

第 6 章
以太坊生态系统里的协同伙伴

一种革命性的技术,将在全球大多数行业和经济体中引发改变。ConsenSys 也坚信自己正在重塑工作和业务的未来。当你走进布鲁克林黑客风格的总部时,你会发现墙上的一个大横幅,上面写着"欢迎进入去中心化的未来"。

6.3.1 独特的定位,反哺以太坊:提供开发工具,开拓教育、企业场景

"以太坊是一个共享的执行空间,我们应该构建起协同作用的东西。"以太坊的拥趸 Lubin 一直这样说。这句话也道出了像 ConsenSys 这样的一众公司与以太坊的关系。

ConsenSys 是一个涉猎广泛的集团公司,从最初的 4 人组发展到 2017 年初的 150 人,再到 2018 年峰值到达 1200 人,发展速度之快,超越了几乎所有的区块链公司。在当前的区块链领域,大部分公司的规模都在几十人,少的甚至不到 10 人,通常百人级别的公司就算规模比较大的了。

ConsenSys 与众不同的地方在于,除了没有融资、发展超速以外,具有别具一格的发展路线和无法比拟的影响力。Lubin 本人具有计算机科学、电子工程的教育背景,在高盛工作过,自带雄厚的金融基因和广泛的关系网络。对以太坊而言,ConsenSys 的重要性是不可否认的,因为它同时充当了孵化器、

技术驱动力和布道者的角色。然而，ConsenSys不仅与以太坊有关，而且与政府、监管和行业建立联系、合作，对整个区块链行业都很重要。因此，ConsenSys也被视为塑造和影响区块链的"领头羊"之一，业务布局的生态图谱十分壮观。

2017年初，ConsenSys在业务布局上形成了"三个支柱"模式。一是基础设施和社区工具，为以太坊客户端研发开发者工具进行智能合约创造，并将这些代码库转换到美国微软公司的开发工具包系列产品Microsoft Visual Studio中。第二个支柱是咨询业务，有点像区块链界的麦肯锡，既帮助其他团队进行区块链项目开发，又与市场合作者开展合作，比如在银行业、音乐行业、电力行业、天然气、零售和健康领域都有合作客户。第三个支柱是"实验室孵化模型"，类似专注早期创投业务的500 Startups，而他们关注的领域是区块链，并且认为除了向一个初创企业投资，还可以"雇佣"他们，这样这些初创公司就会成为一个项目，最终会发展为一个独立的产品，而同时ConsenSys也会持有该初创公司的股份。

到2018年，ConsenSys的规模不断扩大，三个支柱衍生成五个支柱，即提供解决方案的咨询业务、孵化早期项目的实验室、风险资本投资和咨询、区块链知识的教育学院、组织活动和会议的媒体板块。

除了贡献了显著的以太坊开发工具外，ConsenSys还有另一

第6章
以太坊生态系统里的协同伙伴

个显著的业务——在世界各地为企业和政府提供咨询，帮助其掌握区块链知识，从而更好地布局区块链。比如，ConsenSys 的顾问合作创建了 Komgo（基于区块链的交易平台），得到花旗、法国巴黎银行和荷兰银行等 15 家银行的支持，Komgo 希望利用区块链来提高世界各地货物运输的融资效率，如石油。ConsenSys 与荷兰国际集团及壳牌公司、亚马逊、日本新生银行等知名企业达成了合作，推动以太坊区块链技术的应用。ConsenSys 与许多政府机构合作，包括欧洲委员会、南非储备银行和美洲开发银行等，还与印度、美国和中东的机构合作。ConsenSys 还创立了企业以太坊联盟，它运行 Ethereal Summit（以太坊峰会）和新推出的 TruffleCon（以太坊开发框架），ConsenSys 是 Crypto Valley（瑞士"加密谷"社区）和 Global Digital Finance（加密货币行业机构）的成员。此外，ConsenSys 还与 Coinbase（美国的数字货币交易所）、Coin Center（加密货币研究和教育机构货币中心）和 Union Square Ventures（纽约的风险投资公司）一起构建了监管框架。

在教育方面，公司成立了 ConsenSys Academy，与 Coursera（大型公开在线课程平台）合作设计了关于区块链的课程，告诉人们区块链是什么。由于发展太快的区块链产业并没有成熟、成体系的教育资源，加上政府和其他行业内部普遍缺乏对区块链的认识和理解，能够设定标准是很重要的，并且如果能匹配以太坊所能实现的标准将是一项强有力的资产。

一方面，ConsenSys 以自己的姿态向更广泛的世界传达：区块链到底是什么，或者人们希望区块链被认为是什么，以太坊能为企业带来什么；另一方面，它也在积极寻找自己的商业模式。

6.3.2　基于信任的大规模权力下放

没有考勤，无须天天见面；

没有让人鼻息仰望的官衔层级；

没有盯梢式的微观管理；

没有权威，没有行政命令；

没有遮遮掩掩；

没有错综复杂的人际关系；

……

没有许多在传统公司里司空见惯的要求、状态以及习惯。我们都有过体会，在传统的公司模式中，随着规模快速扩张，管理的挑战无处不在。数百人规模，与最初的一二十人的初创小规模相比，管理的难度系数成倍增加，管理的角色、流程、决策也都相应繁复起来。

第6章
以太坊生态系统里的协同伙伴

- **分散化的资源与工具**

ConsenSys集团的员工分布在除南极洲以外的全球各大洲,在纽约、旧金山、多伦多、巴黎、伦敦、迪拜等地都设有办事处,他们来自各行各业,从传统的银行业、财富500强企业到顶级咨询公司,甚至还有连续创业的企业家。他们的共同点是对ConsenSys正在建设的未来充满激情,以及愿意冒险实现这一愿景。

ConsenSys不希望过度影响或控制每一个项目,因为这将需要太多的管理监督工作,并违背去中心化的精神,Lubin试图不去指导别人该做什么。"他想成为反传统的首席执行官或创始人",于是大规模地将权力下放,每个项目按照自己的轨迹独立运行,项目团队自己来设计决策机制和治理系统,而ConsenSys给予的是工具和垂直领域的专业知识支持。每个项目的目标都是最终成为一个独立的实体,并从ConsenSys的中心分离出来。

在很多方面,ConsenSys也不像硅谷风投公司那样存在产生收益或达到目标的压力,他们也会制订目标和KPI,但并非来自一个集中的决策者或者委员会,同时这些目标和KPI被记录在一个名为SOBOL的内部管理工具中,并向所有人开放和共享。任何人都可以看到别人在做什么有趣的事情,SOBOL的目的是为遍布世界的远程团队提供一个透明且易于访问的工具。它一方面方便员工同步信息,另一方面也激励员工看到每个人都朝着共同的使命和愿景而努力。员工们被彼此、团队和更大的社区所激励着,"每天与一些最聪明的人一起挑战难题,是一件令人振奋的事情"。

ConsenSys 还有资源分配委员会(RAC),负责决定项目是否有资格继续分配到额外的资源,比如工程师或资金。但委员会人员架构一直不太稳定,"固定有一个人来自财务部,但委员会通常都是由对你所在领域感兴趣的人组成的,任何人都能报名成为委员会成员"。这是传统公司的员工所无法想象的,也无法想象"公司在长达一年半的时间里没有人力资源专员"。

因此,有一些人也将 ConsenSys 的企业文化描述为"混乱",Lubin 承认其中存在一些问题,"问责制一直是 ConsenSys 的一大难题。"他说:"我们一直在努力建立各种机制,区分个人的职责与义务,并确保实施明确的问责制。"但他也提到了推行网状结构带来的真正好处是,不同项目之间有了更多的协作互动,传统组织中那道隔离不同部门的"墙"消失了。同时,在 ConsenSys 内部,质疑他人的假设也没什么可耻辱的,一些员工反而感受到被赋予了自主权——特别是能在项目之间进行横向调动的时候。

区块链推动了创新,因为以太坊上开发的基础设施带来了在线开放系统,开发者、企业家和公司都可以使用这些系统,随时准备根据自己的需求进行重新设计。创新是至关重要的。

第 6 章
以太坊生态系统里的协同伙伴

- **分散式的扁平流动**

在公司的组织结构上，ConsenSys没有传统意义上的科层等级，而是实行的"全民主"——没有管理者或汇报结构。

得益于区块链组件的启发，ConsenSys将其独特的组织结构建立在信任的基础上。整个系统是由相互依赖的团队组成的网络，这些团队在合作的同时也在追求自己的目标。这种结构模仿了分散式系统的通信结构，即实现ConsenSys与更大的以太坊生态系统一起构建，带来更高层次的灵活性、开放性和创新性。正如技术体系的发展如何影响和改变人类的组织结构一样，组织结构也反映和迎合着他们正在构建的技术体系。

由于决策权的分散，员工可以按照自己的喜好选择自己的头衔，甚至很少有人有固定的办公桌。"每天都是如此松散，我不知道走进去后是否有座位，简直就像是《权力的游戏》，"2015年6月加入ConsenSys的Jeff Scott Ward如是说。

ConsenSys是扁平、分散和流动的，允许个人和团体根据需要自组织和适应。尽管发展迅速，但他们仍然坚持扁平化结构，相信自主和敏捷是项目和员工成功的关键。ConsenSys的生态系统中，没有一个层级的管理团队代表其他人做出大多数决策。每个人都有权做出自己的决定，为自己的团队或整个ConsenSys增加价值。随着团队建立自己的决策策略，这导致了一个分散组织的诞生。由于这个过程允许团队根据最适合自己的方式不断地重新组织自己，所以整个组织本身能够在混乱和不可预测性的时期生存和修复。在初期体现出来的就是让外界看不懂的混沌无序状态，甚至公司内部的一些员工也会有产生不适感的情况，但是适应的人就会很热爱。

在采访ConsenSys的Pelli Wang时，她告诉我，"就像我们支持以太坊和去中心化一样，我们也在管理风格和等级制度方面推荐这种精神。我们在许多垂直领域，建立了由团队或个人组成的专家和圈子，向所有项目提供来自内部的技术、法律、翻译、工具、媒体等各方面的支持。我们相信，未来的工作将需要这种新的管理风格，自上而下的传统命令将不是鼓励创新的最佳方式。作为一个公司，我们喜欢试验，这是我们尝试不同技术的方法之一，看看它是否有效。我们找到可行的方法，并不断迭代完善它。"

当去中心化的组织和自我管理的工作方式共同存在并相互促进的时候，就形成了自组织（self-organization）状态。自组织是指当个人和团队在非结构化系统中交互时出现秩序的过程。在自组织的理论体系中，从混沌无序的初态向稳定有序的终态演化需要具备三个基本条件。

（1）产生自组织的系统必须是一个开放系统，系统只有与外界进行物质、能量和信息的交换，才有产生和维持稳定有序结构的可能。

第 6 章
以太坊生态系统里的协同伙伴

（2）系统从无序向有序发展，必须处于远离热平衡的状态，非平衡是有序之源。开放系统必然处于非平衡状态。

（3）系统内部各子系统间存在着非线性的相互作用。这种相互作用使得各子系统之间能够产生协同动作，从而可以使系统由杂乱无章变得井然有序。除以上条件外，自组织理论还认为，系统只有通过离开原来状态或轨道的涨落才能使有序成为现实，从而完成有序新结构的自组织过程。

在这样一个产生许多平台和应用程序的生态里，每一个人都拥有很大的自主权，与之匹配的分散式组织结构有潜力释放人的创造力，为每个人提供了创造空间，把他们独特的技能和激情带到一个合作的价值创造过程中。对人类组织来说，这是一种新兴的、值得期待的范式。

6.3.3 去微观化的管理：每个人都像成年人一样被对待

ConsenSys 被 LinkedIn（职场社交平台"领英"）评为 2018 年度 50 家最受欢迎的初创公司之一。

大大小小的团队和公司们围绕着区块链技术和以太坊生态开发各种工具、产品、平台和应用程序，他们在尝试着定义人类与世界互动的方式。尽管，这是一个非常漫长的旅程。但在过去的四年多规模化的成长道路上，公司逐渐形成前沿个性的

以太王国：
区块链开启薄组织时代

价值观文化：分散化、扁平化的层级结构，多元化、颠覆性的承诺，以及健康的工作与生活平衡等，这些价值观在新兴的公司文化中发挥了决定性作用。作为组织的一部分，员工们最欣赏他们的工作和生活中经历的是什么呢？LinkedIn 在评选结果出来后，做了一个员工调查，其从员工的体验和反馈中隐约看到了未来组织的另一张面孔。

"每个人都像成年人一样被对待。"

"在没有微观管理的情况下，工作和生活达成了平衡与信任。实际上，我工作得更多，因为我对团队和自己负责，对作为一个整体的共识系统成员负责。"

"在 ConsenSys 工作最棒的一点是，它鼓励并强制推行一种远程文化。通过共识筛选人员，整个公司的团队都充满了渴望和雄心勃勃的头脑，无论他们在办公室工作还是在世界各地工作，他们都是富有成效和成功的。"

"对于有创造力的工程师和企业家来说，ConsenSys 是理想的工作场所。ConsenSys 的大脑在任何时候都是活跃的：科技型大脑在去中心化的组织和区块链技术中潜水，而创业型大脑则在不断寻求建立新的企业。"

"我最欣赏在 ConsenSys 工作的一点是，我们的共同目标是实现无层级和自组织。这是在这里工作最具挑战性和回报最多的方面。有意地缺乏层次结构，反而需要不断地关注结构和过程。

第 6 章
以太坊生态系统里的协同伙伴

但是，我喜欢这样的事实，任何有动力的个人都可以参与创造和完善这种结构。"

"在我看来，在 ConsenSys 工作的最佳方面可以归结为一个词：授权。在从事了 30 年的专业软件开发工作之后，创始人 Joe Lubin 和我所有的同事给了我从未有过的力量，让我能够尽我最大的能力。我的意见是有价值的，我被鼓励去表达它们——最好的想法会蓬勃发展。它释放出创造力和生产力的激增。"

"终于不再有'星期天晚上'或'星期一早晨'那种可怕的感觉，真是太神奇了。我周末和晚上工作，纯粹是为了享受。我想这就说明了一切。"

"由于我们的工作模式通常是远程的、分散的，我们必须不断地沟通，但更重要的是，我们正在学习如何让沟通变得有意义。我们把时间花在每天、每周和每月的优先事项上——考虑到我们工作的空间不断变化，我们必须这样做。"

"ConsenSys 提供了一个低摩擦的环境，以试验新想法，创建分散的组织和未来的行业。由于 ConsenSys 是以太坊的第一个推动者，我们聚集了该领域最聪明的一些人。"

"ConsenSys 确实比我工作过的其他地方'更讨人喜欢'。我以前在联邦政府工作，这是一个等级森严的组织，你的一整天都可能被一个高级主管的要求所驱动。在 ConsenSys，员工建立工作协议，并根据兴趣、技能和主题专业知识围绕特定项目

> 以太王国:
> 区块链开启薄组织时代

自组织。所以,当我在做某件事的时候,我已经有意识地决定要优先处理这件事,以推进一个共同的目标。"

"你可以在冒险的同时拥有自己的车道。有一种快速失败的方法,好的想法来自'好吧,那是行不通的',所以你会合作更多,得到一个更好的想法。"

"ConsenSys 允许我自由地把完整的自我带到工作中。工作内容的多样性与人的多面性相结合,实现个人的丰富性,差异是值得称道的。为一家对未来有着宏伟愿景的公司工作,也是一件令人向往和兴奋的事情!"

"我觉得我们属于这里。我们工作不只是为了薪水、头衔或区块链的炒作。我们有一个目标——为了人类的利益去构建我们周围的世界。当我走进办公室时,空气中有一种微光,来自在压力下工作的强度和才能。"

"和我一起工作的每个人都是自我驱动的,表现得像个老板,对我们正在朝着的目标真正充满激情。"灵活地按照自己的意愿去做,只会提高工作效率和信任度。

"我一直能够成为最有创造力的人,我相信我们能够共同建设一个更美好的世界。在为那些传统的企业工作了 25 年之后,这种公开透明的信任与合作令人难以置信。"

建立愿景是在创造力量,而不仅仅是构建一个空间;是在创造影响力,而不仅仅是设定一个眼前的目标。愿景需要高度

第 6 章
以太坊生态系统里的协同伙伴

的一致性,既要有一致的信息,更要有一致的共识和行为,需要渗透到组织的各个角落,影响所有员工的行为。

ConsenSys被描述为一个有机体,是一个有各自纹理的整体,既相互依赖,又独立个性。他们把所有人看成细胞或神经元,再把这些人组织成产品单位或服务单位的器官,比如市场营销、人力资源、法律、区域办事处等。在细胞层面,通过开展情商训练、非暴力交流,促使所有人做到最好。他们制订的"有机体"计划,把所有人都变成了不起的演员、了不起的自我,并通过工具手段让每个人在人际交往中都有良好的沟通协议。

就像 Lubin 说实践中的有机体那样,"我们将这些功能单元封装在 API 中,并将服务水平协议附加到这些 API 中,这样每个人都可以知道他们可以期望什么,什么时候可以期望,以及如何从这些不同的功能单元中完成工作。"比如他们使用一个名为 OpenLaw 的系统,它允许基于区块链的混合协议实现服务级别协议,不再需要将静态协议归档到 HR 屋子里的组织关系文件夹中,而是需要能够接受数据的活动协议,在满足某些条件的情况下,这些协议能够产生价值,就像生物的脊椎和神经系统一样。

ConsenSys 的工程师兼艺术家 Tal Danino 试图将这个有机体以艺术形态表达出来,并进一步诠释"圈子""子圈子"和"发言"等词的含义,这些词是组织中的团队和子团队的共识。他

> 以太王国：
> 区块链开启薄组织时代

想把来自社区的参与融入共识系统中来，构建一种媒介，并为最终的艺术作品拍摄照片。

Danino 带来了两瓶磷酸盐缓冲盐水（PBS），这是一种保存人类细菌的盐水，大约 400 名员工将手指浸入盐水中，捐献细菌。然后盐水被送回 Danino 的实验室，在那里所有的细菌样本都被分离出来。最后，他用硅胶保存 20 个分离的样本，并将其镀在玻璃培养皿上。他的团队制作了一张培养皿的照片，照片描绘了包裹在硅胶中的细菌的"共识"圆、子圆和辐条，成为 ConsenSys 公司主页上的一张特色图片。艺术表达带来的最大好处，就是在新兴技术领域以艺术特有的形态更形象地传递新的、复杂的、有时难以理解的概念，帮助人们接触和学习。艺术以一种其他媒介所没有的方式，插入个性，给创新发展带来更有张力的人性化，也给文化带来更强烈的感染力。

从本质上讲，文化是一个公司的个性标志，态度、信念和价值观影响其愿景如何转化为现实，以及其组织行为如何建立。ConsenSys 的共识文化彰显了以分散但富有成效的方式承担风险、进行测试和创造，这是一场重要的实验，ConsenSys 可能变成未来组织形态的标杆，也可能变成进化道路上的一个驿站。无论如何，人类在追求进步的过程中是坚定的，不能被阻止的，而共识正在不断试错的道路上累积而成。

第6章
以太坊生态系统里的协同伙伴

6.3.4 任性的项目孵化器

在ConsenSys，任何员工都可以提出自己改变世界的想法，ConsenSys的首批项目包括用于加密货币交易的记账应用和针对音乐家的基于区块链的数字版权平台。这个项目的大部分创想都来自ConsenSys的员工，一旦项目获得批准，Lubin就会给初创公司提供25万到50万美元的资金，目的是使其能够成为自立的企业，并且为了实现这一点，ConsenSys员工偶尔会被分派到他们自己的项目里。

在审批项目时，Lubin并不像传统风险投资者那样谨慎，因为秉持着这是一场旷世实验的心态，对创新有着极大的包容度。"在项目选择上，他持有开放态度，常说'可以，为什么不呢'。"担任加密钱包公司Casa客户服务和运营主管的Reckhow说："幸运的是，他处在一个拥有决策权的位置，但他不擅于分清项目选择的优先次序，而宁愿什么都通过。"

尽管如此，如果你想获得以太坊生态孵化器ConsenSys Labs的投资青睐，就需要为你的项目做好如下的准备。

（1）经验丰富的团队，有技术、市场和企业方面的背景，而不仅仅是年轻的密码爱好者。

（2）有建立在一致性测试基础之上的清晰的时间表和产品路线图。

（3）具有明确目标市场的需求。

（4）独特的价值主张。

（5）创始人在这个领域有相关的教育背景或者经验。

（6）清晰的解决方案，简单的语言和PPT，清晰的计划、路线图和里程碑。

（7）一个强有力的、清晰的演讲者，自然、有魅力地发言。

（8）鼓舞人心地展示技术性，表达"这就是它将如何实际发生"的信息。

（9）一个坚定的下一步想法，需要发生什么才能让它变为现实？

（10）简短、快速地讲述一个故事。

在实际路演中，初创团队应该做的事情是：选择团队中最好的演讲者，不一定是对产品或技术了解最多的人；根据每一个活动场景变化你的陈述，以反映观众或出席该活动的目的；用数据备份你的声明；提供一个演示/原型；简洁、清晰地表达你正在解决的问题；讲一个故事，而不仅仅是收集信息；从问题开始，花时间在团队中；为"为什么是现在，为什么是你"找到理由。

最重要的是，找到一个好的团队，努力工作，把精力集中在重要的事情上，这样你就能最大限度地利用你所能提供的一切。如果投资者、公司和孵化器能从你的演讲中看到你的激情

第 6 章
以太坊生态系统里的协同伙伴

和目标,你很快就会走上正确的道路。区块链行业随处可见各种会议,从华丽的 TED 演讲和展示大会,到小型峰会和推介日,在这些活动里,你可以向不同的孵化器、投资者和公司展示你的想法。

任何一次大跨越的创新,都需要旷世持久的技术迭代和资本力量,以及至死不渝的信念。

Lubin 一直以来都是加密货币和以太坊的忠实信徒,不断地表达对区块链和分布式账本技术饱满而坚定的信心,这项革命性的技术会带来区块链系统的巨大增长、大量具备各种功能的应用程序和积极的企业探索。在接下来的几年里,随着生态系统参与者开始利用现有各种链的不同好处,会涌现出大量的分类活动。

"当前我们处于第一阶段,看到生态系统中每个节点验证的所有事务。我们正迅速进入第二阶段,以太坊的'layer 1'作为一个完全分散和安全的信任层运行,'layer 2'将由状态通道、侧链机制、等离子体和中继网络组成,我们将看到许多平台作为信任层连接回以太坊。事实上,在很早的时候,我们就构建了一个叫作 BTC Relay 的东西,它使以太坊上的一个简单的支付验证钱包能够验证比特币网络上的交易。我们将看到更多的区块链互操作性实验和产品出现,以进一步连接生态系统。"

未来,一方面,ConsenSys 将继续在以太坊上发展公司和应

以太王国：
区块链开启薄组织时代

　　用程序，鼓励更多的团队在区块链生态系统中构建自己的前进道路，这是非常有意义的事情。另一方面，与由无数的开发人员、技术人员、企业家、投资者和爱好者组成的以太坊生态系统共同推动区块链技术，融入需要效率优化的行业，融入需要身份安全和普惠金融的社区，融入需要更直接参与的治理体系。

　　愿景是美好的，但ConsenSys在未来业务的重大实验也是一场与时间的赛跑，目前即使是以太坊上最成功的应用程序，其用户群的规模也无法跟传统业务和互联网业务相媲美，加上2018年下半年急转直下的市场重创，冬天来得有些快，没人知道会持续多久，没人知道有多少加密项目能够存活下来，ConsenSys公司也不可幸免地遭遇了熊市的瘦身计划——裁员。Lubin说，在ConsenSys 1.0中，他们建立了一个实验室，用于证明"月球"的存在（光明的前景），而现在他们需要一个简化的"火箭飞船"才能到达那里。虽然要精简业务，但Lubin仍看好ConsenSys和加密货币行业，公司重组成为ConsenSys 2.0。

　　"我们知道这将是一项艰巨的任务，需要很长时间才能在全球范围内实现大规模应用。"Joseph Lubin如是说。

第7章

一场举世瞩目的以太坊分叉实验

以太王国：
区块链开启薄组织时代

> 今天的实验性错误，有机会成为明天的新理论。

2016年的春夏之际，以太坊上诞生了一个让人兴奋的项目——TheDAO，然而几个月后福之祸兮，这个寄托了很多人美好期望的项目遭受了黑客攻击，市值五千万美元的以太币被转移。事情变得复杂，是修改程序、找回损失还是坚持不更改、接受损失？社区里展开了激烈的争议，最终社区里的人们决裂了，形成了两个阵营。

以失败而告终的 TheDAO 项目虽然带来了负面影响，但它背后的意义是深远的，也已然成为整个加密货币行业历史上的一个深刻的印记，它预示着一个充满无限想象的可能性的未来。

7.1 TheDAO 的始末

2016年，德国有一家专注"智能锁"的创业公司 Slock.it，其在虚拟的网络和现实之中使用一个逻辑锁的技术去解决资产的锁定和权利的交换。当 Slock.it 公司开始融资的时候，找不到愿意出资的投资人。而当时的区块链技术太新以至于很难在传统资本市场上被理解和看好，加上也不是股份制公司结构，没有办法在现行的法律框架下去监督、管理商业行为和进行收益

第 7 章
一场举世瞩目的以太坊分叉实验

分配,现实世界没有现成的逻辑和现成的框架去依照,所以一家基于区块链的新兴公司要融资的话,是一件很难的事情,几乎得不到传统资本市场的支持。

这种情况下,Slock.it 公司决定在以太坊上创建并运行一个去中心化的智能合约,Slock.it 的联合创始人 Christoph Jentzsch(克里斯托弗·延奇)创造了 TheDAO 项目的开源框架。我们可以认为"TheDAO"是一个特定的 DAO 项目的名字。以太坊和 TheDAO 是什么关系呢?如果把以太坊视作一个全球的计算机操作系统和平台,那么 TheDAO 就是搭建在以太坊平台上的一个 DApp(去中心化应用)。简单地说,以太坊是平台层,而 TheDAO 是应用层。

在 TheDAO 项目中,代币的持有人拥有很大的权力,比如项目资金的用途需要代币持有人投票决定。短短几个月的过程很了不起,它以实际行动证明了真正的分布式自治组织对人们有磁铁一般的吸引力。人们想创建一个真正的"DAO",一个真正的去中心化的组织。

- **万众瞩目的众筹**

TheDAO 项目的整个流程:第一步,基于区块链技术去做一个智能合约,再用智能合约去做一个公司,然后由大家以众筹的方式募集以太币,把这家像一个风险投资的公司给众筹出来；第二步，用这家公司众筹来的以太币去投资区块链上的一些项目，所有获得的收益由所有参与的成员共享，也就是说，每一个投资人利用智能合约的即时清算能力去获取投资收益。

TheDAO 项目在 2016 年 4 月 30 日开始启动，融资窗口开放了 28 天。到融资期结束，共有超过 11000 位参与者，共计持有的以太币数量超过 1200 万个，大约占以太币流通总数的 15%，也就是说当时全世界有 15% 的可流通的以太币都投到了 TheDAO 这个合约中，相当于筹集了超过 1.5 亿美元的资金，TheDAO 也成为当时区块链世界最大的项目。这个结果远远超过所有人的预期，这是一个非常棒的创新。

自然而然，在人们的心里，TheDAO 一时之间仿佛成了以太坊的代言人，两者的命运被紧紧连接在了一起。TheDAO 的特点，一方面是通过智能合约来主导投资以太坊平台上的初创项目，我们可以理解智能合约作为一种独立的协议，不受任何外界组织或辖区的管制，它本身的代码就是最终交易执行的裁决者，且是自动化执行。另一方面参与众筹的所有人按照出资金额获得相应 DAO 代币，行使类似作为"股东"的投票表决权，并且所有的投资议案皆由全体"股东"——代币持有人投票，每个代币一票。

第 7 章
一场举世瞩目的以太坊分叉实验

- **从天而降的黑客攻击**

就在人们欢呼雀跃,等待一个新生事物的迭出之美时,不幸常常会随之而来。

6月15日,攻击合约被创立。

6月17日,攻击开始,Reddit上开始流传攻击事件。TheDAO出现了问题,需要社区决定如何解决。

6月19日,自称攻击者的人宣布,会通过智能合约的形式奖励不支持软分叉的矿工100万以太币和100比特币,以此来对抗以太坊基金会提议的软分叉。当日攻击又起,但只有少量DAO被分离。

6月22日,白帽黑客开展"罗宾汉行动",将TheDAO资产转移到安全的子DAO中。随后黑帽黑客(攻击者)开始攻击白帽黑客所创建的为安全转移TheDAO资产的智能合约。

TheDAO遭受匿名黑客攻击。曾经在众筹期间,就有人担心代码会不会容易受到攻击。然而,在众筹结束后和开始资助提案项目前,大多数讨论都是围绕解决系统缺陷进行的。不知道是不是开发时间太短的原因,在众多技术大牛编写的代码里出现了漏洞,更不巧的是,TheDAO智能合约中的一个漏洞,被黑客发现并加以利用了。

这个漏洞其实非常简单,静悄悄地躺在无数个顶级以太坊专家和社区民众反复检查过多次的代码中,一个非常小的角落

以太王国：
区块链开启薄组织时代

里有一个循环攻击的递归调用漏洞。这个漏洞意味着，黑客可以无限地从 TheDAO 的智能合约里提钱，本来可能只能提 10 元钱，结果他把这个提 10 元钱的行为重复了一千次，那么他就可以提出一万元钱出来。黑客利用漏洞，进行了两百多次攻击，共盗走 360 万个以太币，占项目筹集的以太币数量的三分之一。

一瞬间，史上第一个分布式自治组织滑落到危险的边缘。社区里的人们沸腾了，整个社区自动自发地团结在了一起，即便是相互竞争的公司也一起寻找解决方案。Skype、Telegram、Slack 里充满了 DAO 代币持有者、业界专家、以太坊基金会、交易所，甚至出现了一向不爱抛头露面的矿工和矿池们的身影。人们开始意识到，这次攻击并不单单是攻击 TheDAO，甚至是攻击以太坊本身。

第一时间，Vitalik 所领导的以太坊核心团队全部都集中在如何去处理 TheDAO 黑客事件当中。虽然那个 TheDAO 的子合约被黑客控制，但是黑客还拿不走，于是 Vitalik 提出了解决彼时问题的三条路。第一条路是认输，让这些钱就被黑客提走，参与者们承担这部分损失，然后把 TheDAO 停掉，将剩下的钱全部还给所有人。第二条路是锁死这部分钱，也就是完成一次软分叉，锁定黑客的钱，不让他把这些钱拿走，但软分叉只是锁定了这个黑客，不会因此而获益，所有参与者的损失依然存在。第三条路就是在软分叉之后再执行一次硬分叉，通过硬分叉拿

第 7 章
一场举世瞩目的以太坊分叉实验

回被黑客控制的钱,然后全部还给所有的投资人。

Vitalik 在以太坊官方博客发布了紧急状态更新的公告,告诉人们,开发者社区里正在提议进行一次软分叉,以阻止攻击者在 27 天之后提走被盗的以太币,在这之后会有一次硬分叉将以太币找回。如果社区同意,应在代码释出后尽快升级。

与此同时,Vitalik 也在 Reddit 上表达了个人观点,尊重每个人的自由选择,不强制执行。他说:"我个人认为通过软分叉将以太币锁定在 TheDAO 里以阻止攻击的提议,是一个不错的主意。而我个人,也从平衡的角度,支持这个提议,我支持这个分叉的开发工作,支持矿工到时候升级客户端来支持这个分叉。然而我也认识到大家对这个提议会有激烈的争论,无论哪一方的观点都有强力的反对。在事情发生后的一个小时里,我收到了大量的消息希望我能有所行动,其中绝大部分希望能看到积极的行动。我们不需要回滚交易,不会对用户和交易所造成不便,这更使我倾向于成为采取行动的一方。也有许多人,包括在基金会内部,倾向于另外一方。我不会阻止,也不会反对另一方在公开场合宣传他们的观点,甚至是游说矿工来抵制这个软分叉。在这件事情上我会坚决地不与任何站在另一方的人争辩。矿工如果支持这个分叉,现在就有个选择:Ethcore(Gavin Wood 创立的技术开发公司)团队已经在 Parity 客户端里面实现了一个软分叉,矿工可以自由下载和运行。无论如何,更多样

181

化的客户端都是好事,这是我们保证网络安全运行的方法,不依靠任何中心化的个人或公司或基金会单方面的决定支持哪种观点。"Vitalik 主动提出软分叉和硬分叉的方案,作为核心人物承担了一个权威的角色和责任。但是 TheDAO 是一个完全去中心化的项目,是一个社区参与者通过代码自治的架构,此时核心人物提议修改 TheDAO 的智能合约,对于一些理想主义者来说也许是一件令人失望的事情。

于是,这个分叉引发了跨越国界的大讨论,社区里的讨论持续了很长一段时间,并且非常激烈。大家在论坛里发表着自己的意见和理由:支持软分叉;支持硬分叉;不支持分叉。在以太坊的历史上,从未出现过"被动"分叉的先例。过去的分叉都是某个技术上的协议升级,而这次的硬分叉是为了解决黑客攻击而发起的一次全社区要达成共识的分叉行为。

- 集体的投票选择

紧急时刻,考验来临。中国社区也在自发地采取一些积极行动。

曾是中国以太坊技术社区 EthFans 发起人的吕国宁说:"那一天,我在办公室里,还在做 My Token 手机钱包的开发。下午,整个办公室里的气氛是凝固的。因为 TheDAO 项目是我们每个人都特别看好的项目,或多或少我们每个人都参与了这个项目,

第 7 章
一场举世瞩目的以太坊分叉实验

每个人也都是它的利益相关方,所以大家都特别紧张。"

大家意识到这是一个很严重的安全事故,于是 EthFans 拉了一个群讨论这件事,把中国社区里的人给集中起来,也方便就整个中国社区跟以太坊基金会做进一步的沟通。群里,大家都在讨论这个攻击到底是怎么回事。因为大家其实都很好奇,那个时候只是知道出事了,但是黑客是如何把 TheDAO 合约里面的以太币转走的,其实还不知道。那一刻,与此相关的所有人都在分析。

这不仅挑战了以太坊的管理机制,还让人存疑区块链本身的管理模式。

然而,只有不到一个月的时间去找到并执行解决方案,既要在这之前完成硬分叉版本的开发测试,又要做出决定是否执行硬分叉。任务充满了风险和挑战。

吕国宁率先做了一个投票网站 CarbonVote,用这个网站去收集中国社区所有人的投票,用他们手上持有的还没有被投到 TheDAO 当中的那些以太币去做一次安全的投票,再决定要不要去做这次硬分叉。比较幸运的是,官方团队看到了中国社区做的这个网站,他们认为这个方式具有可操作性,然后就把这个投票网站当作了一个由官方来做决定要不要去做一个硬分叉的投票主网站。CarbonVote 网站成了决定以太访的整个社区最后要不要去执行这一次硬分叉的关键一环,也显示了中国以太

183

以太王国：
   区块链开启薄组织时代

坊的技术影响力。

在 Reddit 上公布出了 CarbonVote 网站和投票规则，向"是（YES）"或者"否（NO）"相对应的地址发送一笔数目为 0 的以太币（0-ETH）交易。"是（YES）"对应的地址：0x3039d0a94d51c67a4f35e742b571874e53467804。"否（NO）"对应的地址：0x58dd96aa829353032a21c95733ce484b949b2849。

- 所有在发币地址之下的以太币会被记作相应的选票。
- 如果你的钱包不支持 0 以太币交易（比如 Mist），建议提交一笔最低额度交易（比如 0.0001ETH）。智能合约会自动退回它所收到的所有以太币。
- 投票状态是持续实时更新的。

对 CarbonVote 系统运作机制的进一步解释如下。

（1）投票者：以太币持有者。

（2）选票：以太币。持有多少以太币，就可以投出多少票。

（3）如何投票：向"YES"地址发送以太币表示支持，或者向"NO"地址发送以太币表示反对。投票后可反悔。

- 如果"YES"地址从一个地址中收到以太币投票，那么这个发币地址下所有的以太币都将被记作支持硬分叉。例如，A 地址中有 100 个以太币，然后向"YES"地址发送 0 个或者 0.00001 个（自定数额）以太币，代表有 100 个以太币支持硬分叉。

第 7 章
一场举世瞩目的以太坊分叉实验

- 如果之后同一地址向"NO"地址发送一笔交易,则此地址的所有以太币会被重新记为支持"NO"的选票。
- 如果投票人投票之后决定放弃参加投票,那么其可以将这些以太币转移到一个还未参加此次投票的地址。

(4) 票数统计:动态持续计算已参加投票钱包地址之中的以太币数量。

(5) 资金安全:没有以太币会被征收或冻结。

从 CarbonVote 网站的投票结果显示,共有 450 万左右的以太币参与了投票,其中 87% 的票数支持执行硬分叉方案,由此看来,社区多数人还是赞成采用硬分叉来解决 TheDAO 的问题,这个艰难的决定终于达成。

与此同时,程序员们在争分夺秒地准备硬分叉的程序,很快万事俱备,只待硬分叉执行了。整个以太坊社区都屏住呼吸,激动万分地等待一个历史时刻的来临。大概是北京时间 2016 年 7 月 20 日晚 9 点 20 分左右,第 1920000 区块如期到来,硬分叉完成。由匿名黑客持有的 360 万个以太币,被转移到了一个新的智能合约地址,并且该合约只有一个功能:向全部参与者退回他们投资到 TheDAO 的以太币。

在这次投票中,有一个很有趣的现象。前面说的 TheDAO 项目募集到的资金占据了流通的以太币的 15%。参与募集资金的人其实是 TheDAO 的利益相关方,他们是社区里真正愿意参与TheDAO项目的人，本身就是社区里非常活跃的一批人。因为他们主动参与了TheDAO项目，TheDAO遭遇黑客攻击后，他们的以太币被锁死了。于是，只能由没有参与募集资金的人去决定怎么去分叉，因为当时的投票网站并没有让那些已经被锁在TheDAO合约里的人参与投票。所以出现了没有参与TheDAO或者说没有在TheDAO里持有以太币的人，也就是没有被锁的人决定了被锁掉的人的命运。从票数来看，这是只有一小部分人参与的投票，而这一小部分人中的大部分人是支持分叉的，于是产生的结果是——做出了一个分叉的决策。我们不禁会思考一个问题：有利益相关的人的以太币都被锁住了，参与投票的人其实不是直接利益相关者，那么他们投票是否更多的是为了以太坊的未来着想呢？

无论如何，最终尘埃落定的是，因为社区内部的争议和选择，形成了两条链，一条为原来的链，叫"以太经典"（ETC），一条为新的分叉链以太坊（ETH），各自代表不同的社区共识以及价值观。

至此，众筹项目TheDAO在喧闹中谢幕，所有筹集的资金退还给投资人，TheDAO解散。从万众瞩目的众筹开始，到受到黑客攻击、资金被盗，再到争论软、硬分叉，最后退回以太币和散伙，整个事件经历了几个月的短暂时光，如同流星划过、白驹过隙一般，但在加密货币的历史上却留下了浓重的一笔，

第7章
一场举世瞩目的以太坊分叉实验

也告诉人们：社区不怕争议，人们需要在争议中才能交换意见，并形成共识。

正因为区块链的不可篡改和存证的特性，TheDAO 事件的细节被以代码的形式完整地保存了下来，包括攻击方、防守方在以太坊区块链上的具体出招，如果把它比喻成一场战争的话，那将是有史以来被最真实完整地记录下来的一场战争。

7.2 失败之后的安全意识崛起

"小错误也会导致大损失，巨大的经济利益也会吸引大量的攻击者。"在以太坊黑客攻击大事件 TheDAO 后，关于以太坊智能合约相关的攻击一直在继续，比如，2017 年 7 月，以太坊 Parity 钱包由于被黑客攻击，导致至少 15 万个以太币被盗，同年 11 月 Parity 再次被爆漏洞，据媒体报道，93 万个以太币被冻结。

TheDAO 事件，对开发者们最重要且直接的影响是，TheDAO 之前和 TheDAO 之后对于安全认识发生了巨大的转变，开发人员的安全意识崛起。TheDAO 之前，区块链技术的开发，不管是底层开发还是应用开发，都缺少一根安全的神经，对安全没有做过太多思考。TheDAO 之后，开发者们开始把安全放在了几乎数一数二的位置，因为他们知道每一步都会产生巨大的、无法挽回的损失，必须要把安全这件事放在非常非常

187

重要的位置，任何时候都要有安全意识。过去，写智能合约的程序员的心理状态是：哎呀，不就是另外一个程序嘛。而此后的心态可能变成：我们现在在写智能合约，这里面存着钱呢！TheDAO 事件真是一件非常有教育意义的事情。

这个教育意义很快在半年内得到了验证。TheDAO 事件之后，迎来了以太坊当年的开发者盛会 Devcon2，开发者从世界各地飞到中国上海。就在会议的第一天，以太坊 Geth 客户端遭到了攻击，不久后开发者提出了解决方案，紧急更新了客户端。这次会上涌现出非常多的关于形式化验证、智能合约安全的讨论和项目。大家的关注度非常高，开始意识到智能合约是非常需要形式化验证的，但在此前大家对形式化验证的前景其实非常悲观，研究形式化验证的人无用武之地。如果说区块链把搞密码学的人都带到了人们眼前，那么 TheDAO 就把很多做形式化验证的人带到了人们眼前，形式化验证的研究开始遍地开花，很多做形式化验证的人，一头扎进了区块链领域。

形式化验证方法一直都是比较冷门的技术。在形式化验证方法以前，传统的软件开发中较常使用"测试"来找漏洞，这种方法只能找到漏洞，不能证明程序没有漏洞。而形式化验证是先通过严格的数学语言描述定义，再用逻辑推导和证明来验证程序的可靠性，就是把一段程序用逻辑的方法证明一遍，证明它能得到预期的结果，没有漏洞。当推导和证明无法进行下

第 7 章
一场举世瞩目的以太坊分叉实验

去的时候,就意味着设计中存在不符合规范的漏洞,再通过推导和证明,分析卡壳的位置和原因,找出漏洞的所在地。这种推导和证明可以手工构造,也可以由机器自动产生,但是由于其非常消耗人力,过去常常被应用于昂贵的航天器材的操作系统等。

形式化验证进入区块链领域的初期,以太坊社区的 Yoichi Hirai(平井一夫)对以太坊的智能合约虚拟机 EVM 做了完整的形式化建模。此外,来自 UIUC 大学的团队也对 EVM 进行了形式化的建模和验证。EVM 是以太坊智能合约的底层核心,关系到以太坊安全,涉及数字资产保护等重大议题,引起了社区的广泛关注。一些提供形式化验证服务的项目也越来越多,比如结合证明引擎和赏金猎人的综合性安全验证平台 CertiK,提供多个区块链平台验证工具以及合约代码转成定理的链安科技。

如果未来互联网世界中的大部分活动都实现了上链,当社会中的绝大部分群体都需要区块链的绝对安全来保护自己财产安全的时候,形式化验证方法或许作为区块链技术的"必要条件"才会迎来真正的大爆发。

那么,什么样的人能吃形式化验证这碗饭呢?至少你需要有很强的逻辑知识和能力,包括数理逻辑、拉姆达验算等,另外还需要十分了解程序,比如操作系统或者编译器的设计。门槛不低,数学不好的人就可以绕道了。

7.3 社区对区块链行使权力

以太坊社区是一群人、公司、机构以及其他组织在共同维护以太坊区块链。在硬分叉这件事上,我们能看到的是所有人都拥有选择权,换句话说,是社区对区块链拥有并行使着巨大的权力。这也是区块链世界里的一个特征,即使绝大多数人认可了一个方向,仍然会有一小部分人不认可的时候,他们仍然保留选择的自由。区块链永远把这个可能性留给了用户们,只要用户愿意,少数不一定要服从多数,你可以选择分叉,就像TheDAO分叉形成的两条链:回滚交易的以太坊和拒绝回滚交易的以太经典。分叉是区块链经济体进行演化的快捷方式,每一次分叉都会形成一个新的"物种"。分叉后可以继承原来的数据和参与者,试错成本要极低于推倒重来。

当我们试图去理解"社区"与"分叉"的关系时,会发现社区甚至是一种抵消分叉的力量。当一个社区被分叉时,那些留下来的人通常会更多地、更坚定地参与到社区中来。同时,分叉也为社区组织带来了更多的弹性,这种弹性体现在:即便我们有分歧和竞争,依然可以协作和交流。

- **以太坊(ETH)与以太经典(ETC)的关系**

ETH与ETC,既相同又不同,它们有着相同的代码基因,

第 7 章
一场举世瞩目的以太坊分叉实验

却有着不同的精神追求和发展路线。

ETH 成为加密货币里市值第二大的币种，也是项目最多的智能合约平台，有灵魂人物 Vitalik 的支持，有强大的开发者团队，有庞大的用户和合作伙伴组成的生态。

而 ETC 更执着，始终按照区块链的规则运作，也正因为如此，受到一些极客的尊敬，他们拥有坚定的信仰——不为一己私利就随意篡改代码，代码即是法律，一旦生效，任何人包括以太坊创始人和以太坊基金会也没有权利去更改它。但 ETC 的缺点在于没有一个强大的社区团队去做技术推广和宣传。

在发展路线方面，ETH 已经确定计划，将共识机制从 PoW 向 PoS 过渡。而 ETC 则表明，永远是 PoW 机制，永远都是由矿机挖矿产生。

ETH 与 ETC 之间也存在着竞争，两边都在分叉后统计过哪些开发者、公司、研究员更喜欢在哪条链上工作。但更有趣的是分叉后的社区态度。以太坊在对待分叉后的以太经典的态度上，没有表现出比特币社区里的强烈攻击性，也有别于传统企业之间存在的倾轧竞争，以太坊没有主动攻击过 ETC，甚至在言语上也没表达对立，这是非常难得的一件事情。以太坊硬分叉之后，有一部分矿工还继续维持着旧链，在旧链上艰难地维持算力，旧链并未马上消失，还在风雨飘摇的生存之际得到了以太坊的帮扶，以太坊交易平台 Poloniex（P网）率先宣布开始交易 ETC。ETC 由此具有了流通价值，因为价格极低，有愿意冒险的投资人买入，矿工们的生计得以为继。当时，以太坊社区里也有人提议，"大家用的 PoW 算法都一样，我们是不是可以去攻击 ETC，把他们的链搞挂？"Vitalik 的态度是没有必要这样做，虽然大家就是观念不同的两群人，但都是在做着区块链的事情，各自发展各自的，还可以相互交流和学习。

但最终哪条链能更好地生存和发展，是由社区决定了哪个链能更好地吸引人才和资源，因为人们往往都会倾向于选择一个坐拥足够多才华横溢的开发者且富有成效的社区进行项目建设和维护。以太坊社区规模壮大和生态的繁荣，向人们证明了社区才是进化的命脉，社区里的人们才是推动发展的关键。

7.4 分布式自治组织与传统公司的对比

自从 2016 年 DAO 被"黑客攻击"以来，这种组织结构就没有在 2017 年被人们大量使用，可能是一部分人怀疑这种模式，另一部分原因是它的内在复杂性，尤其是对那些不熟悉区块链的人来说。

尽管如此，DAO 还是给人们开启了一扇通往创新的窗户，但它令人难以置信的潜力仍然存在并向前发展。我们能看到的是，DAO 在 2018 年开始回归，尤其是随着组织逐渐认识到自动化和分散化是如何有益于当前的绩效时，他们开始尝试为非

第 7 章
一场举世瞩目的以太坊分叉实验

集中式的激励系统或者决策构建简单的 DAO 结构。

从本质上来说，DAO 是一个编码的规则系统，定义组织将采取哪些行动。DAO 的控制人是 Token 的持有者，全世界任何拥有互联网和资本的人都可以成为 Token 的持有者，因此，DAO 的决策过程，与传统公司显著不同，DAO 会有更多人、更多角色的参与。自然而然，DAO 成为一种新的连接方式，让个人、团体、项目和公司以一种去中心化的方式组织自己和相互影响。

正是因为 DAO 是通过智能合约在区块链上生存、呼吸和思考的组织，所以 DAO 的核心是以协作和集体决策为原则的。DAO 类型的公司没有传统意义上的科层等级制度。人们在管理项目时相互支持，最好的想法是通过团队成员之间共同创造的过程产生的，而不是通过自上而下的层级领导结构产生的。DAO 可以发布允许治理和激励兼容性的 Token，支付承包商或雇员酬劳，并使用治理协议或内部逻辑做出决策，不仅在节省时间上有效，在动态和敏捷性方面也更加有效。

比特币的前贡献者 Mike Hearn（迈克·赫恩）认为，"30 年后，比特币将成为没有领袖的权力组织的结构"。一直推崇 DAO 的 Vitalik 说："有很多中介机构最终收取 20%～30% 的费用，如果去中心化的概念得到推广并取得成功，这些费用将降至几乎为零。"并非所有人都同意这种可能的变化，但不可否认的是，DAO 会成为未来的业务模型之一，只是路途还很遥远。

以太王国：
区块链开启薄组织时代

我将传统的公司结构和 DAO 结构进行了一些对比。

传统公司结构和 DAO 结构的对比

序号	对比维度	传统公司结构	DAO
1	产权	有法律意义上、明晰且相对固定的产权	没有固定的产权
2	权力归属	核心管理层，大股东（小股东和员工通常没有决策权）	所有 DAO 的成员
3	决策模式	核心管理层控制每一个需要决策的领域；多层次逐级审批	任何成员可以提交提案，Token 持有者根据预先确定的参数进行集体投票
4	决策效率	复杂的法律程序，从召集股东大会到董事会批准，耗时数月	自动化的投票执行操作只需要几分钟甚至几秒钟，更高效
5	治理透明度	不透明；信息传递层层递减	公开透明；所有信息公开可查询
6	目标一致性	个人和组织的目标常常不一致	个人和组织的目标一致
7	发展基础	自上而下的命令链	高水平的个人赋权和责任，强有力的积极承诺
8	沟通路径	长（层层沟通、层层反馈）	短（分散、网状沟通）
9	规章制度	通常约束性条条框框要求较多，随处可见违规处罚条例	基本的社区行为准则，以倡导正确行为为主
10	办公模式	有固定物理位置，大多数公司是集中性办公	互联网上远程协作

第7章
一场举世瞩目的以太坊分叉实验

最显而易见的困难在于所有股东的参与。DAO 这类商业组织的法律地位尚属空白。有一种说法是要将 DAO 里的股东成员们类比成"普通合伙人",意思是每个参与者都要对公司可能面临的任何法律行动和债务负责。

无论将来各国立法如何面对 DAO,但至少我们可以关注一下 DAO 为现行的组织结构带来的一些创新借鉴。

- **激励所有的参与者**

也许有人会问,为什么 DAO 的成员愿意积极主动去建设和贡献?最重要的原因是个人和组织在任务目标、收益激励、身份平等上达成了一致性。另一方面,DAO 是基于智能合约的,并且管理 Token。DAO 的投票系统使用 Token 来实现决策,而正是数字化的灵活资产,能够为正确、透明的行为提供适当的经济激励。这种激励本身,不仅仅使成员的积极性可以通过奖励得到回报,股东的权利也可以得到有效保护。你可以问问 95 后为代表的数字原住民"Z 一代",他们是更信任主观的人还是客观的机器?

我们深有体会,在传统公司里,股票的准入是有限的,比如公司管理团队、投资人等。但是新的商业模式将需要激励大量的合作者一起工作,DAO 既允许个体和实体以一种与管辖无关的方式贡献工作,也不用考虑他们的物理位置,又支持大规模协作在类似以太坊这样的公链上发布 Token 来实现激励，大大降低了获取 Token 入口的壁垒。此外，它能够更快和更有效地转让这些 Token，并允许小额和短期持有。

英国密码学硕士毕业的朋友 Nina，在拥有了 DAO 的社区经历后，回到国内一个大互联网公司，曾经试图说服老板用 DAO 的思维模式来开辟新业务。当然，在做这件事情之前，老板们的心理建设是必要的，完全的信任和授权将十分考验他们。

• 群体决策带来多样性

传统公司的决策主要集中于董事会成员和公司高管层，这既限制了决策的数量和频率，也限制了指导这些决策信息的多样性。在 DAO 的结构中，任何人可以发挥自己的想象力提供多元的信息来做出决策，具有更大的配置灵活性。员工可以就如何管理或指导一个组织提出建议，就像区块链中解决的问题一样。然后，他们参与投票或集体决策的过程，以达成共识。最后，根据参与者的个人贡献与结果的匹配程度，对他们的参与给予奖励。

比如，可以这样配置 DAO：所有 Token 持有者都可以对各种决策进行投票，包括如何花钱、雇佣谁、选择怎样的推广方案等，甚至更小的决策，诸如宣传材料用什么纸张等，每个人的视角都是一个花园。这些选票几乎可以通过任何方式设立，比如通过权重、远程投票或分级投票、每个 Token 持有者一票

第 7 章
一场举世瞩目的以太坊分叉实验

等来进行设置。

这种开放性的参与将带来支持做出更好决策所需要的更多信息,以及通过协作过程可以决定哪些内容的更大灵活性,还能根据这些内容来安排实施任务的顺序。要知道,投资人、用户、开发者、传播者等角色多重复合,谁都愿意去广播自己一手参与缔造的新鲜事物,还需要费劲去买流量吗?

DAO 的内部和跨 DAO 都可能存在 DAO,这意味着每个团队可能有自己的方法来连接多个网络中的贡献者,从而利用集体智慧。可以向大众开放投票或集体决策,可以征求客户对新产品的反馈,或者询问组织应该解决哪些问题,可以将任务众包,根据需求引入员工,从而允许组织根据需求进行增减。

- 促进灵活协作

DAO 使得所有各方在彼此不了解或者无法深入信任对方的情况下协调资源,并且将大量利益相关者的共享目标和贡献有机结合起来。

比如,组织也可以向大众开放投票或集体决策,他们可以很容易获得用户对新产品的反馈,或者询问到组织应该解决哪些问题(往往用户会直截了当地在社区里主动"吐槽")。

DAO 里的 Token 可以由非常广泛的、各种贡献水平的参与者持有,这意味着可以启用新的角色,特别是那些小型和临时的角色，产生更多的微观任务。技术上，区块链支付的速度和效率使得承包微观任务变得更加容易。

- **优化流程，降低管理消耗**

在现有的公司模型中，财务、法律和决策事务可能是缓慢且昂贵的。付款需要缓慢的电汇，法律工作涉及大量的书面合同，有时还需要冗长的诉讼或仲裁，而决策需要手工文档、文书和协议。DAO 有能力极大地简化这些过程，方法是将所有内容记录到区块链中，并使用智能合约，自动化几乎所有内容。

现在，无论大小，只要需要，几乎可以立即支付，而且费用很低。法律程序在很大程度上也可以引入智能合同领域，事实上，我知道已经有一批法律从业者正在研究。

所以，DAO 在技术手段的辅助下，将改善人与人之间的摩擦，一定程度上降低管理消耗。

第8章

以太坊式薄组织模型

以太王国：
区块链开启薄组织时代

今天，公司的治理很成熟了，但同时也愈发臃肿，担负居高不下的管理成本，甚至有些管理结构的存在只是为了证明自己的存在。在我过去工作的公司里，我亲眼看到一些饱含热情的新员工，他们朝气蓬勃，充满了想法，也愿意付诸实践，但心中的火苗慢慢地被管理层消磨殆尽。他们开始畏首畏尾，开始只图做基本工作内容来保住一份工作，他们的大部分创造力悄然消失。无论是对个人还是公司，这都是一个巨大的损失。

不过，总有一些公司在尝试改变这种状况，比如擅长使用小团队、留住高效员工的游戏公司 Valve，因 Ray Dalio（瑞·达利欧）的《原则》一书让人们看到透明化决策的桥水基金公司等，他们都认识到了一个本质：高质量的集体决策要比任何一个个体的决策强大得多。

以太坊不是第一个这么做的组织，却是当前规模最大、透明开放程度最高的一个范例。比特币和以太坊是第一批真正意义上的去中心化的网状组织，它们在没有任何中央机构的情况下发挥作用，人们的工作本质上是开源的，项目的推进由社区来完成。以太坊将中间的很多层消除，减少了交易之间、人们关系之间的摩擦，并让我们所有人都能使用核心基础设施，这是一个相对公平的竞争环境。当我们能够汇集资本并使用像这样的基础设施时，各种神奇的事情就会发生，比如让组织或者公司能够在全球范围内，没有国界，使用相同的货币单位，比

第 8 章
以太坊式薄组织模型

如让全世界任何角落的人进行连接和合作。因此，我们最好不要仅仅把它当作加密货币来看待，在这个背后是组织形态、商业模式的改变。

在写这本书的过程中，我一直在想用一个什么样的简洁概念来描述以太坊的组织形态，偶然的一天想到了一个词，那就是"薄组织"。我不禁想起，以太坊的名字来自神秘科学史中的"以太（Ether）"，它是一种坚硬而又稀薄的物质，任何物质穿过它都不受阻挠。这也许就是一种巧合吧。

8.1 薄组织的定义及四个维度

什么是薄组织？

它可以创建贡献者的分布式网络，还可以创建长期的共享价值，基于个人贡献来分配价值和所有权，在工作的未来发生变化时个人成为价值等式的一部分。因此，薄组织的定义就是：以开放、透明、协作为原则建立广泛社区的组织。它的形体特征就像一张可以伸缩的网，内核薄至一节点，外延大至一世界。

薄组织的目标是将个人的工作激励与创新和公司未来的成功相结合。可以想象这样一种场景：员工有一个基准工资，然后更大比例的薪酬与他们通过参与集体决策和对集体决策的贡献相关联。这种基于贡献和价值而非头衔和经验的薪酬结构，最终可能

以太王国：
区块链开启薄组织时代

会更有成效，并降低整体运营成本。人们自然会因为做出的贡献而得到回报，这些贡献会带来积极的结果。《给予与索取》的作者 Adam Grant（亚当·格兰特）在描述未来领导力时说，"你花在解决别人问题上的时间，会让你更擅长解决公司的问题。""鼓励员工为解决组织的所有问题做出贡献，而不仅仅是在最初雇佣他们的有限职责范围内工作，这会让他们成为更好、更有价值的员工。"

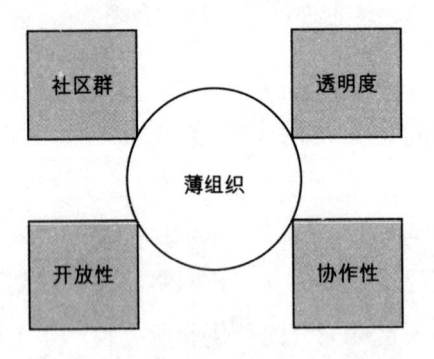

```
   社区群              透明度

          薄组织

   开放性              协作性
```

从以太坊自身和其生态里的大大小小角色中，我们提炼出了一些共同点，这些共同点构成了"薄组织"的画像。这幅画像包含了四个维度：社区群（community）、透明度（transparency）、开放性（open）、协作性（cooperation）。人是构成组织的基本单位，保持人性处于工作对话的中心是一件很重要的事情，四个维度都是以人为核心，相互作用，彼此促进。随着以太坊的持续发展，我相信这张维度表将会变得更加丰富和具有现实的指导意义。

第 8 章
以太坊式薄组织模型

"薄组织"的四个维度（v1.0）

维度	目的	内容
社区群	通过人力资源外部化，建立既遵循统一原则又具有多样性的分布式社区群落	（1）集体编制价值观和社区原则，人们锚定共同的愿景并为之使劲
		（2）没有正式结构和"官职头衔"，只有相互依赖的活动体系，即无中心、多节点。围绕贡献方向，形成社区多重角色
		（3）形成社区的共同语言，包括口头、书面等符号和责任感，老人以共同语言带领新人
		（4）自发建立、维护、更新、传播知识库
		（5）基于贡献和价值而非头衔和经验的薪酬结构
透明度	组织内的个人和团队都会向所有利益相关者甚至非利益相关者公开完整的项目计划、实施过程和产品详情	（1）集体约定组织规则、项目计划、产品的定义和协议格式，让更多内部和外部的人知晓，同时吸引更多的人关注和参与
		（2）保存并公开所有过程记录，并且可回溯
		（3）团队以文字、音视频的形式分享自己的经验和经历，甚至包括项目执行过程中的对话和争议讨论，问题和解决方案公开化
		（4）在信息公开的基础上，以更广泛的投票方式进行组织管理
		（5）需要解决的问题都自由地漂浮着，等待志愿者前来解决
开放性	多个层面的无准入许可，多渠道的信息公开	（1）利益相关者数量可以很大，并且组织内的个体可以拥有多重忠诚与身份
		（2）面向不同背景的人建立一致性的激励机制
		（3）协议的完全开源，代码、信息、人才等资源的自由流入流出

203

续表

维度	目的	内容
开放性	多个层面的无准入许可,多渠道的信息公开	(4)无门槛加入组织学习、工作、交流。任何人还可以自由发起与组织原则、价值观相一致的子社区或者活动
		(5)开放反馈过程,团队领导者接受组织内外的公开质疑和挑战,并给予回应
		(6)创建长期的、多渠道的共享价值,包括知识
协作性	广泛的相互协作,实现相互赋能	(1)协作跨越国界、时差、行业、经验、技能,跨越"部门墙"
		(2)数量众多的工作组网状交互,彼此进行工作内容共享,并不断形成暂时的工作联合
		(3)协作的成果可以在组织内部和外部使用
		(4)协作工具的广泛使用

8.2 薄组织引领的未来工作趋势

对于未来的工作,最可怕的场景是假设一个传统的、科层繁多的组织结构,有一个首席执行官和一个高层领导团队,有中层管理人员,然后是忙忙碌碌的基础员工,他们在做各种各样的工作。随着人工智能慢慢地将工作自动化,对于如何使用技术进行协作,如何做出更好的决策,以及如何使工作更高效和更有意义的方式将成为趋势。中层管理人员不可避免地面临被裁撤的局面,事实上2019年一些互联网企业已经开始这样做了。

第 8 章
以太坊式薄组织模型

以太坊展现给我们的是以协作和集体决策为原则。人们在管理项目时相互支持,最好的想法是在团队成员之间共同创造的过程中产生的,而不是在自上而下的层级领导结构中产生的。

8.2.1 更加自由的协作网络

如果有一天,我遇到马云,会问他一个问题:"你会期望将阿里发展到拥有 1 亿员工的规模,并垂直整合他们的整个业务吗?"他会怎么回答呢?我想,他应该不会乐意,因为这样的组织太复杂,太难以管理。

在一个 10 人的组织中,管理者可以很容易地理解所有重要的内部信息,并高效地管理团队。在一个 1 万人的组织中,管理者比较费劲地去理解大部分重要的内部信息,拼一拼,也许能有效地管理公司,前提是你拥有一个勤奋的超级大脑。在一个 25 万人的组织中,为工作创建一种货币和内部市场,让团队甚至是每位员工的行为都表现得像不同的企业。哪个效率更高?

拥有 25 万人的以太坊社区是由个人、团队、公司自由组成的网络平台,来创造和探索分布式协作世界的自由状态。通过创建一个内部的加密货币 ETH 来发挥类似美元或任何外部货币

> **以太王国：**
> 　区块链开启薄组织时代

的交易作用，在组织内部释放激励、价值信号、反馈循环和多样化的力量，其结果将富有弹性，减少中断、破产的风险，以及快速、持续的创新。

如果说以太坊生态是一级生态，在其中的 ConsenSys 就是以公司形式存在的一个二级生态，二级子生态中分散着几十个更小的生态，说小只是在说层级，并非规模，像 MetaMask、Truffle 都已经超过百万的下载量。

生态中的每个团队，都应该被期望为组织增加价值，因此应该能够找到愿意通过付费来验证其贡献的"客户"。自主团队将会出现并成长，直到他们达到一个自然的临界点，即复杂性开始受到限制，也许是 10 人、100 人或 1000 人。这些团队可以选择任何适合他们的方式去运作，比如敏捷团队、传统公司等，并且他们将与网络中的其他自治团队进行事务协作。

区块链技术提供了一个机会，不仅仅在经济领域去发展和繁荣分散的全球市场，还可以将未来市场中蓬勃发展的公司或者组织的企业运营实践进行分布式的扩散。以太坊正在成为去中心化的组织，而 ConsenSys 公司本身也正在成为内部合作经济的试验场。或许，未来以太坊的生态将会向传统企业提供一个组织模式最佳实践的补充，激活网状工作模型的潜力，并为分布式企业运营的未来奠定基础。

第8章
以太坊式薄组织模型

8.2.2 释放专业人才的创新性

要让人去做一件事情，有什么办法最简单、最直接、最可靠？

去请求他吗？他可能说，我不想做。

去从里到外、仔仔细细去解释事情吗？他可能说，我听不懂。

用钱刺激吗？他可能问，你出多少钱？

示范给他看吗？好昂贵的培训计划。

我们想要一种简单的方法。

有一个成语叫"人尽其才"，出自《淮南子·兵略训》，意思是每个人都可以充分发挥自己的所有才华与能力。人尽其才，就符合人力资源管理中的"要素有用"原理，意思是说每个个体之间尽管有差异，有时甚至是非常大的差异，但必须承认人人有其才，即每个人都有他的闪光点，都有他突出的地方。比如有的人技术研究开发能力很强，有的人组织协调能力很强，还有的人表达能力和自我展示的能力强。这个原理告诉我们，只要是人都有用，关键是看怎么用。

在传统公司体制里，关于如何用人，都是由人力资源部门和业务部门的管理者来决定，"安排"某位员工到某个岗位上。这位员工如果不喜欢现在的岗位，他有两个选择：要么申请转岗，要么离开。现实中，尤其是大公司，部门之间还有一道墙高高竖起，转岗难，加上转岗过程政策的不透明、种种的过程潜规则、部分主管人才的"私有化管理",让有才干、想干一番事业的员工们心有余而力不足,一走了之便成了无奈之举。

2019年初,华为公司的人力资源部做过一份高级专业技术人才离职原因的调查,访谈对象都是怀揣各项高精尖专业技能的博士、博士后,通过一对一的深度访谈调研和数据分析,大量呈现了离职员工的心声:

"我研究的专业方向是图像及深度学习,入职后从事偏硬件和落地的岗位";

"学图像的博士转去做知识图谱,完全要从头学起";

"我的方向是偏算法和基础研究的,进入公司之后做的工作偏维护和运维";

"我是安全方向的,新部门和安全一点关系都没有";

"我想分到一个和学校研究相似的架构组继续做,结果分到了另外一种架构,不太熟,失去竞争优势";

"博士方向是做激光通信的,入职后一直做信道估计,太窄了学不到东西,离职后现在在做系统架构,现在做的东西范围更广,成长更快";

"岗位偏测试、偏验证,可靠性的验证,偏研究的东西少,这不太适合学历太高或比较钻研的人";

"事少人多,一件事好几拨人在做就会产生内耗(当前有5拨人在做同一件事),而且当前内耗很严重,不能为了招博士而

第8章

以太坊式薄组织模型

招博士,不能因为不差钱就拼命扩招";

"转部门很难,如果转不成,新的部门没去成,原部门就会进入资源池,风险太大,还不如离职了";

"入职不满1年,不符合内部人才市场的条件""我和领导提了,领导不想解决这个问题,说是技术负责人,不愿意放我走";

"领导也不懂技术方向,感觉就是瞎指挥,他以前做得比较杂,从固网过来的,我们这开拓一些新方向、新领域,他可能还是追求老一套的观念,技术上也不愿太多去了解,又要去指挥";

"很多团队在干同一件事,大部分人在做无效的事,资源浪费,领导判断一件事不是基于技术或客户价值判断,而是看上级的脸色。我所在的部门至少有一半的博士处于精神离职的状态,有了机会肯定会走"。

华为是一家备受关注的科技企业,75岁的任正非能直接讲出公司内部的问题,这家公司是值得尊敬的。从博士们反馈的信息来看,几乎所有的问题大多数企业都出现过,人岗不匹配、外行领导内行、没有发挥空间、个人意愿得不到满足等问题比比皆是。

这不禁引发了我们的思考,是哪里出了问题?是单个人的问题,还是组织的问题,还是时代发展到一定阶段产生的问题?

以太王国：
区块链开启薄组织时代

事实上，华为在组织管理的很多方面都走在前列，培养螺丝钉是时代阶段性的需要，就像为什么一开始会产生公司并雇佣人们来完成任务一样，因为节省成本并且效率更高，只不过发展到现在，无论是人还是产业都到了一个成熟阶段，公司固有的一些优势和逐渐增大的缺点开始出现势均力敌的对抗。在这个基础之上，我们要再从宏观的公司层面与微观的个人层面去思考。

在公司这端，传统的层级结构并非完全不可行，因为企业从未像现在这样高效，谷歌在几乎所有技术领域都是顶级公司，还有中国的覆盖多领域的巨头BAT（百度、阿里巴巴、腾讯）。但随着这些集中式组织的发展，系统中重要信息的数量和信息传播的距离呈指数级增长，集中式组织开始遇到了挑战——在信息处理方面遭遇很大的局限性，我们这里所谈到的信息是指比如创新想法、员工士气、特定输出的客观价值、一个结果如何影响其他结果等信息。自上而下的行政命令和委派责任的传统做法，无法抵消由此产生的影响，甚至会加剧影响。在传输的过程中，仍然丢失了太多的数据，而接收端的员工无法充分地解释和处理所有数据。为了应对这个问题，一些走在前沿的创新公司会开始尝试向员工释放一部分权力，当小团队被授权在一定范围内自主地决策时，复杂性得到了一定程度的管理，提高了决策的速度和质量。

在个人端，我们需要面对的一个问题是：专业人员更难激励。

第8章
以太坊式薄组织模型

他们对自己领域的专门技术有着很强的、长期的忠诚度，这种忠诚是对专业而非雇佣他们的组织。对很大一部分专业人士来说，工作就是他们的生命，他们不需要定义工作时间是8个小时还是12个小时，做喜欢的工作就是最好的个人激励。一般的报酬，比如晋升和金钱，在激励专业人士更加努力方面基本失效。他们通常有着不错的报酬，并且喜欢自己的工作，一般不愿意放下自己的工作，转而去承担管理责任，因为一旦投入管理工作，意味着剪断与他们职业的纽带，比如一部分走向技术管理岗的工程师们就再也回不去敲打出漂亮的代码了。他们喜欢处理问题和解决问题。他们喜欢工作特征模型得分高的工作，他们喜欢具有多样性、完整性、重要性、自主性及有反馈的工作，还看中支持、认可以及能够提高和扩大他们专业技能的机会。这些专业人员或者独立知识工作者，在掌握了自己的技能后，通常会打破传统的工作结构，没有雇主和雇员，而是直接与客户合作以获取利润。

那么，像以太坊这样的薄组织如何激励专业人士呢？

（1）提供有持续挑战性的工作，给他们发展兴趣的自主性，就像以太坊允许核心开发者们按照自己认为最有效率的方法安排自己的工作一样。

（2）提供横向的工作调动机会，可以扩展他们的经验。在以太坊的庞大社区里，选择做什么工作是由你自己来选择，你可以承担多种角色，只要你有足够的能力和时间。

（3）提供教育培训机会。专业人士普遍热爱学习和提高自己的认知、能力，这也是以太坊生态中创造出各种黑客松、开发者大会、各类 Meetup 等活动的意义所在，在实践和交流中进行培训和学习。

（4）提供认可。传统公司的认可，大多情况下都是来自一级又一级的"领导的认可"。在以太坊的社区里，认可更多是来自对你所做项目或者事情本身，同时你拥有基于智能合约的创造路径，获得更多的成就、收入和地位，而无须承担像传统公司里那样"艰巨"的管理责任。

因此，构建一个富有挑战机会的、结果导向的、氛围简单的、广阔空间的、活跃环境的、能将技术想法变成实际贡献的环境，是所有专业人士能够且愿意真正发挥作用的组织土壤。

8.2.3　基于一致性动机的自我效能放大

以太坊，一场大胆的社会实验，承载了人们为数字资产以及去中心化组织建立一个全球通用平台的终极理想。如果你在 2017 年以前进场，你会被以太坊这个社会实验吸引，那时没有用户，没有开发者工具，也没有应用，人们甚至也在讨论以太

第 8 章
以太坊式薄组织模型

坊到底有没有用。到了 2019 年，你看到各种类型的场景和应用在主网上出现，为用户提供着可用的价值，你曾经相信，但又认为不可能的事情，在一点一点地发生。当然，技术发展从来也不是一帆风顺的，以太坊也没能够依照原定计划实现里程碑，这都是事实。但恰恰说明了，这场实验充满了各种困难和不可预知的事情，但以太坊社区里的人们的积极执着的表现是一道亮丽的风景线。

为什么会出现这种现象？被一致性的动机所激励，即便这是一个困难的目标。首先，困难的任务通常会让人们的注意力保持在眼前的事情上，充满挑战的目标会让人更聚焦。其次，困难的目标让人们精力充沛，就像俗话说的"打了鸡血"一样，必须付诸努力来实现目标。第三，当目标充满困难的时候，人们会坚持去实现它。以太坊一路走来，Vitalik 的坚持，带动和影响了一批核心开发者的坚持。第四，困难的目标会让人们琢磨和寻找对执行工作或者任务更有效的策略，就像生态中产生的一些加密工具一样，又或是社区里人们讨论使用什么样的方式让项目管理更有效。第五，来自社区的及时反馈和开发者之间的相互反馈，使人们更了解自己在实现目标的过程中的表现和效果。第六，人们有机会参与目标的设计工作，这带来的直接好处就是提高目标本身的被接受性，使人们更愿意为达到目标而努力。看看 ConsenSys 公司里，人们在体验了授权和自治后欢呼雀跃的状态。

这可能也是为什么树立了目标后，放任自流的组织形态能产生效果的一个内在原因——自我效能的激发。过去我们习惯地认为组织需要自上而下的、集中的科层结构，老板来决定做什么以及行动路线。而人们的动机一致时所产生的自我效能往往被低估。

自我效能感（self-efficacy）是个体对自己有能力完成任务的一种信念。自我效能水平越高，对自己完成任务就越有信心。在困难的环境中，自我效能感低的人更容易失去信心甚至放弃任务，自我效能感高的人面对不利环境和消极反馈时反而更加努力。人群中存在效能高低之分。从现象上来看，自我效能感高的人通常都比较自律，喜欢独立思考，创造性地完成任务，勇于创新和挑战，追求相对自由、宽阔的空间，热爱在分享和交流中交互式学习，不愿意受到来自组织的各项约束，包括被监督、被微观管理、需要处理复杂的人际关系等。

社区天然地将这样一批自我效能感高的人筛选出来，就像我们前面提到过的 Status 项目在招募 clojure 开发者时的策略。一开始，他们招募的门槛几乎为零，只要你会使用 clojure 语言就可以加入，在开发者的入职考量方面也比较宽松，难免会

第 8 章
以太坊式薄组织模型

有能力参差不齐的情况。随着开发任务的开始，尤其在引入了OKR工具进行目标管理后，一些能力不够或者自我标榜的开发者在社区群众的"共同监督"下逐渐被自动淘汰了，而能力好、完成度高、贡献多的开发者在社区中呈现出公信力，甚至被追捧，并形成较好的声誉地位。当出现越来越多的自我效能感高的核心贡献者，社区就会吸引更多的人加入，形成典型的"替代榜样"效应。

在组织行为学中，有四种资源能够用来提高自我效能，分别是过去的成功经验、替代榜样、口头说服以及唤醒。在以太坊的开放生态系统里，替代榜样的表现得尤其明显。

什么是替代榜样？当看到别人完成一项任务的时候，自己就会变得更加自信。举一个生活中的例子，如果跟我一样微胖的闺蜜减肥成功了，我就会相信我也可以减肥成功。当你与所观察的人相似，或者当你们面临相似问题的时候，替代榜样发挥的效力最大。以太坊之后，国内外有多少公链如雨后春笋般冒出？达鸿飞曾说，以太坊的思路和理念给了他很大的启发，这也促使了后来NEO（小蚁）项目的诞生。榜样的力量就像击鼓传花一样。

以太王国：
区块链开启薄组织时代

8.2.4 奖金重塑激励

当我们谈论工作的未来时，大概率关心的是收入的未来。在向智能时代一路狂奔的人们，会如何改变赚钱方式呢？区块链世界给我们开了一扇窗，以太坊不仅帮助遍布全球的用户更有效地进行交易，还为全球社区开辟了新的激励机制和全新的收入来源。

Bounties Network，一个2017年初基于以太坊构建的区块链应用程序，在这样一个开源的奖金平台上，任何人都可以进来创建项目，能够为各种各样独特的任务提供资金，无论是敲代码、找漏洞、做研究、翻译、制作视频，还是像海洋激励行动这样的工作，通过协作完成工作并获得报酬。Bounties Network采用了一种最原始的激励形式：用Token交换提供的服务，并花了一年多的时间试验如何使用它来塑造人类行为。奖金网络使人类能够激励和自我组织，从自由职业到基层社会行动，以及两者之间的任何事物。

摆在我们面前的一个显而易见的事实是，当我们看到任务分散在更广泛的网络里时，我们也看到了一种基于激励整个社区的新类型的任务：奖金项目的创造者要求一个或多个社区的人们做一些事情或者任务，以激发更大的社区行动。关于奖金最炫酷的地方，莫过于如何轻松地允许来自世界各地的人们协

第 8 章
以太坊式薄组织模型

调和汇集资金,并将其用于实际的用途。有了赠款,捐助者可以确定 100% 的资金将用于实际完成任务的人,而不用浪费在让老板们日渐烦恼的低性价比的营销费用或高昂的管理成本上。

一些发生的故事正在验证加密货币式奖金在生产力奖励中的价值。

- **海洋激励行动**

如果你能给世界上的任何一件事情颁发奖金,会是一件什么事呢?可能有人会想一些烦琐的家务劳动,比如打扫卫生、整理衣橱;有人会想到遛狗;有人则更愿意关注到公共事务上,比如环境的改善。

就像 2018 年 12 月的一次海洋激励活动:捡起漂在马尼拉湾的垃圾。ConsenSys 联合 Bounties Network 开展了一项环境康复计划,以奖励加密货币以太币的方式,鼓励当地的志愿者们来清理海滩。这项活动是为当地社区提供的一种激励措施,通过启动清理海滩的工作来拯救环境,全程都不需要有行政命令式的集中性领导。

最有趣的动态之一是,人们从外在动机转变为内在动机的方式。一开始,许多参加活动的人只是因为他们看到了赚取额外收入的机会。然而,随着过程的推进,参与者们流露出他们

> **以太王国：**
> **区块链开启薄组织时代**

在集体改善环境中诞生的个人成就感。外部激励可能是点燃行动的火花，但自我激励、庆祝和社区认可才是让火焰继续燃烧的原因。

同时，这还是一个互惠互利、彼此了解的过程。所有人都目睹了两组人的融合，即活动发起方的技术专家和当地志愿者，他们同时在互相教导和学习。一方面，当地人中的大多数甚至从来没有听说过加密货币，更搞不清楚什么是比特币、以太坊，他们对区块链能给他们带来的潜在好处感到好奇。另一方面，技术专家了解到，在让普通大众接受这些新兴系统时所面临的真正挑战。技术专家和最需要这项技术的人之间架起了一座桥梁。

活动的最后成果是，在 2 天的时间里，人们一共清理了 3 吨多的垃圾，包括 315 千克的塑料、103 千克的橡胶、120 千克的 styro 和 27 千克的玻璃瓶，同时 224 人得到了加密货币的指导。更重要的是，考虑到活动的成本低于一般行业活动的赞助成本，奖金发起方对最终获得的 ROI（资产回报率）非常满意。或许，这一新机制不仅可以成为帮助创造奖励个人积极行动的新方法，同时大大减少困扰当今大多数慈善模式的沉重行政成本。活动结束之后，马尼拉湾的人们仍然可以继续努力恢复其生态系统的健康，并在此过程中获得收入。奖金的真正价值在于使个人和社区能够自我组织，而不需要组织来管理这一过程。

第 8 章
以太坊式薄组织模型

从最初的一项简单活动，发展成了一种规模大得多的现象，听说已经吸引了电影制作人的关注，甚至开始考虑制作一部纪录片，主题是基于区块链式的激励机制如何解决社区问题，并重新定义未来工作的意义。

- **开源的编年史影片**

市场营销的世界正在迅速变化。在加密货币的空间里，营销不再仅仅是打广告，而是变成了让社区主导和双方开展更有意义的对话交流，我们能看到的是社区管理在营销费用中所占的比例越来越大。没有什么地方比这里更流行社区方式了。

如果公司削减营销预算，转而把这笔钱给社区里的人，会发生什么？

Status 的江南西道在 2019 年年初时告诉我，他们正在做一件有趣的事情，创建一个完全开源的影片，以此回顾 EthDenver 的盛况。Status 作为奖金发起方，提供加密货币奖励。作为参与者的社区成员们，只需要提交他们所能使用的任何片段、照片、图形等内容，参与社区投票评选，并赚取一些加密货币。

以太坊每年都会在不同国家或地区举办黑客松活动，2019 年 2 月 15 日至 17 日在美国丹佛举办，所以这次活动叫作 ETHDenver。ETHDenver 以太坊会议的创建者宣布，该活动几

> 以太王国：
> 区块链开启薄组织时代

乎每个方面都将使用区块链技术。ETHDenver活动将在提交项目、评审和投票项目以及执行其他任务时使用区块链。申请参加会议时，参会者也会使用到区块链技术。活动组织者可以使用多个区块链平台来促进整个过程。

很难捕捉到ETHDenver的真正本质，因为它吸引了从开发人员、技术专家到编码者、密码经济学家、设计师和制造商等各种各样的人。事实上，ETHDenver的本质就是这样：一群有着共同目标的形形色色的人聚集在一起。江南西道说，这就是为什么我们要创建"ETHDenver编年史"——一个开源的回顾影片，收集、捕捉和编辑由不同的人们和社区提供的内容。还有什么方法比通过分享文档本身能更好地记录一个致力于构建分布式未来的事件呢？它的意义比黑客松本身要重要得多，从各个视角，从不同的层面来捕捉这一切，贯穿活动的开始和结束，甚至包括人们激动地回到世界各地。

畅想一下人们可能感兴趣的内容：

- 你带了什么有趣的东西吗？比如你的"I may not be stable but my DAI is"的衬衫？
- 你是如何提前组建团队的？
- 你什么时候到丹佛的？你有没有参加过区块周的活动？
- 你对会场的第一印象是什么？运动城堡的入口是什么样的？附近有什么很酷的艺术品或装置吗？

第 8 章
以太坊式薄组织模型

- 开幕式上的人是怎样的？感觉怎么样？人们去那里是紧张还是只是很高兴？
- 有什么好的研讨会吗？显示器和扬声器怎么样？
- 当和一千名充满激情和才华的黑客聚集在一个屋檐下时，你是什么感觉？
- 人们正在做的一些很酷的项目是什么？
- 找到一个评委或导师并采访他们。他们为什么在这里？他们在项目中寻找什么？
- ……

一个开源的重述电影。很认真，很酷！

一次社区营销，所有的奖金都用在社区用户身上。值得！

这大概就是社区的魅力，它通过使用智能合约的协作方式加强了核心团队与其社区成员之间的关系。让你感觉他们是你的使命的一部分的最好方法是，模糊你的组织边界，敞开大门，让他们进来，由他们真正帮助你实现这个使命。

- **双赢的用户调研**

当我们在互联网的世界里抢夺用户的时候，我们越来越意识到：用户的时间是宝贵的，我们应该向他们付费。

如果你是一家面向产品市场的初创公司，那么你就知道用户的反馈是弥足珍贵的。他们会告诉你，他们使用产品时的真

> **以太王国：**
> 区块链开启薄组织时代

实感受，甚至是脑洞建议，并慢慢地引导你解决他们最迫切的痛点。对用户的需求做出回应是创业成功的标志，但任何尝试过收集反馈的人都知道，反馈并不总是那么容易得到。

现在，如果你可以付钱给那些不愿意自愿贡献时间的人，那么用户研究就会容易得多。就像最近的一个例子，一家提供加密货币分期贷款服务的区块链公司，为完成30分钟视频电话采访，向所有参与访谈的对象支付了25个DAI（DAI是基于以太坊的一种稳定币）。持有DAI的访谈对象瞬间就成为该项目的用户，从此会开始关心项目的发展情况，甚至是加入社区开始贡献自己的力量，当然进出的大门一直敞开着，人们来去自由。

- **重要的招聘工具**

随着我们对奖金的深入探索，我们始终确保人们仍然可以使用奖金网络进行工作协作，并帮助团队在任务过剩时更快地行动。这种方式在开源社区中取得了巨大的进步，帮助了以太坊许多最重要的开发团队更快地交付产品。奖金不仅仅对代码有价值，类似地，在奖金平台上我们也能看到团队的奖金设计、翻译、研究和写作任务，他们再次参与社区中，同时更接近各自的目标。

最强大的团队知道，当把工作交给他们社区时，便是直接将人员引入组织中来加强联系的。奖金顺势成为团队最重要的

第 8 章
以太坊式薄组织模型

招聘工具之一:"我们会雇佣那些已经完成奖金的人,而且我们还会在发放奖金之前对候选人进行审查。"奖金正在成为一种有意义的测试候选人的最佳方式,让他们写出你最终会使用的代码,而不仅仅是利用候选人的免费劳动力。更难能可贵的是,这样的候选人与生俱来地携带了自我驱动力和饱满的热情。做一件自己发自内心喜欢的事情,和做别人要求你做的事情,哪个成功率更高?

随着越来越多的团队从构建项目到实际交付,再到与用户一起测试的全流程进行大范围协作,未来将会看到更多的团队使用奖金来与他们的受众用户们进行交流,并且进展得将更快。生产力奖励成为社区策略中的一个重要元素。在拥有超过 25 万社区成员的以太坊的超级大平台上,具有前瞻性的团队拉开帷幕,让社区帮助他们制作节目,而不仅仅是充当坐在观看席上的观众。一场分散化网络的社会效应正在逐渐兴起。

实际上,这一切也表明:赚钱的方式正在悄然发生改变。当所有人都认为,人们开始以新的方式使用和管理资金,并在过程中塑造和改变人类行为时,奖金的长尾效应只会越来越长,人与组织之间的互动合作也将更丰富立体。无论"工作"或"创造"意味着什么,可以肯定的是,人们喜欢通过赚取加密货币来扩大现有的收入流,而以太坊的世界向我们提供了更多的选择,无论是对个人,还是对组织。

- **加密货币式奖金的未来**

奖金长期以来都存在,也已经证明过作为激励工具的价值。我们也看到了区块链式的奖金的独特之处。

第一,区块链式奖金消除了信任背书。奖金作为一种简单的社会契约,信任是首要需要考虑的因素。任何交易双方之间都需要建立信任关系。在日常生活中,我们买卖房屋,给信任背书的是第三方中介,又比如支付宝平台,但以太坊使用智能合约来实现奖金,在一开始就消除了各方对于信任的需求,比如奖金发行者将他们的加密货币提前锁定在智能合约中,这种信任需求即可消除。

第二,加密货币带来的奖金增值价值。奖励项目中,参与者提交的作品质量越高,他们所制作的产品的价值也在增加,这可能会影响他们收到的代币的价值。其结果就是,大家受到鼓励,提交他们最好的作品,而不是简单地满足最低要求,这样他们得到的报酬就会增值。这种模式有一点类似于创始人和早期员工的激励方式,通过他们在公司获得的长期股权,但是拥有这种长期股权的前提是进入公司的时间要早,并且大部分情况下需要签署排他性的劳动合同。但在加密货币领域,这种

第8章
以太坊式薄组织模型

前提是不存在的。进出的自由，完全在于你自己，而以太坊上提供的奖金，却能让自由工作的你享受与初创公司的股权机制相类似的激励好处。

第三，以太坊上实施的奖励比传统封闭系统的奖励更受欢迎。以太坊的所有奖励都是基于一个标准协议来实现的，这意味着任何帮助公司开展工作的应用程序，都可以很容易地与张三发起的奖金、李四发起的奖金以及以太坊上的其他人发起的奖金进行交互。这样做的易用性将鼓励应用程序使用奖金作为组织和个人一起构建出炫酷的东西。

第四，行为的广泛监督。当行为出现冲突的时候，哪些是好的、被社区允许的，哪些是恶的、不被社区允许的，不再是由任何一个平台运营商来决定，而是通过社区成员的投票和数学模型来呈现。

当然，我们也应该看到奖金环节中最难的地方——应该支付多少钱？价格会受众多的因素影响，比如任务时间、难度系数以及市场上同类型工作的价格。因此，奖金平台不仅仅是发布奖金一个模块，还需要加入解析奖励的定价引擎，通过合理的定价体系促使市场发挥更高的效率，还有来判断行为善恶的仲裁模型，以及与所有社区成员休戚相关的信誉系统。

更多的改善之处，在人们的想象之路上酝酿。

8.2.5 人才全球化与"工作"重新定义

曾经,霍金留下了预言:人工智能和机器人将取代人类,取代我们的工作。在这些情况下,未来的工作听起来似乎很可怕,人类是为机器服务的?每个人都在为生计而奋斗,离被取代只有一步之遥?

区块链技术在未来工作中产生新的力量,我们需要一种全新的心态来思考工作的未来。如何使用技术进行协作,如何做出更好的决策,以及如何以更高效和更有意义的集体方式采用他们的智慧——也许根本不需要庞大的、复杂的管理团队。

如果不是科技取代了人类,而是科技增强了我们释放创造力的能力,那会怎样?如果我们能够在没有领导者的情况下共同做出决策并治理组织,情况会怎样?如果我们能够解决问题并以前所未有的规模提高生产率,情况又会怎样?

实际上,未来的工作在很多方面发生了变化。当谈及新形式的工作和组织时,整个区块链空间就是一个大型实验场,因为挖矿、验证、标记等都代表了绝对重要却相当新颖的新形式工作,正在重塑我们对围绕这类工作来建立组织的看法。

• **更多远程协作,更多全球化**

从传统人力资源观念上来看,"招、育、留、用"是公司

第8章
以太坊式薄组织模型

关注的核心领域,这是在雇佣劳动关系下的逻辑。但是随着价值观的转变,一些大公司开始欣赏"可渗透的边界",将自由职业者视为来自更广阔世界的新鲜想法和知识转移的多样化来源。

但在企业试图招聘这些人才的过程中,它们面临着巨大的司法管辖难题,因为目前各国的法律体系还不能够轻松组织和容纳跨国员工,限制性条件依然存在。这就产生了以不同方式组织全球工作的财务激励需求。

同时,区块链打破地理位置的限制,让人们跨城市、跨国家工作成为轻松的事情,解决"一人迁徙,全家迁徙"的两难局面。

远程协作是工作的未来,会有越来越多的公司开始雇佣"数字游民"。

• 工作颗粒度进一步细化

从过去的工业时代,到如今的信息时代,"工作"在很大程度上仍属于就业或劳动合同范畴。但是,如果工作单位是按照时间、数据、处理能力等分散的、微小的颗粒度来衡量贡献,而这些贡献不符合任何先前的法律和组织框架,会发生什么情况呢?随着区块链基础设施的建设,这些类型的"工作"正在脱颖而出,在聚沙成塔的社区里,正在不断地上演着产生和结束这一类工作的交替画面。

> **以太王国：**
> **区块链开启薄组织时代**

DAO 类组织的分散化会进一步把工作分解成微观任务。而新的工作类型需要新的组织模式，大多数基于互联网展开工作的人们将成为自由职业者，人们将在很长一段时间内通过多个 DAO 式的网络断断续续地工作，人们又通过持有作为交付激励的 Token 来代替劳动合同和股票期权回到这些网络中。

随着时间的推移，当日常任务被人工智能所取代，新的工作将更多演变为创造性的工作，这会将过去以短期事务为主的外包工作转向以信任为基础的、丰富的、可持续的工作。

- **注入创新动力**

当今，许多公司最大的问题是管理者"被激励"着不去创新，他们唯一关注的是实现数字和业绩目标，而创新的努力会分散人们对销售现有产品的注意力。就像 Clayton Christensen（克莱顿·克里斯坦森）在《创新者的困境》一书中写道：优秀的企业之所以失败，是因为良好的管理。最典型的例子是柯达，它发明了数码相机，但没能投资将其推向市场。

随着 DAO 和区块链技术在组织中获得更多的吸引力和实践，我们将迎来一个利用空前水平的创造力、创新和集体智慧来解决一些世界上大问题的机会。技术不会对未来的工作构成威胁，相反，它可能会开启一个全新的、创建贡献者和产生长期共享价值的网络世界。

第 8 章
以太坊式薄组织模型

新形式的工作和组织也在一批创造性项目中发挥作用。比如 Gitcoin（一个有赏金的开源协作平台）项目，把 Github 上的开源协作机制代币化，社区成员可以在兴趣与志愿之外，获得一点经济上的回报和奖励。又比如，如果你是某开源项目的发起者，或者你正在管理某 Github 开源项目的代码仓库，你可以在 Gitcoin 上发起任务悬赏，这个任务可能是修复某个漏洞、开发某个功能或者解决某个安全问题，感兴趣的开发者就可以领取任务悬赏，并在 Github 上进行代码协作。如果发起人接受了你提交的 Pull Request（请求开源方合并自己提交的代码），悬赏绑定的以太币便会自动打到开发者的钱包地址里。Espresso 项目是一个分散的数据存储库，它集成了 aragonOS（阿拉贡 DAO 治理系统），可以让团队共享文件，而无须依赖 Dropbox 或谷歌驱动器。Planning Suite 项目是另一个 Aragon（阿拉贡）应用程序，它提供了一个协作规划模型，支持开源或分散组织中的多个不同利益相关者协调共享资源的使用。Giveth（一个基于区块链技术的慈善筹款平台）项目正在为去中心化的利他主义社区创建一种架构，它允许人们围绕公益事业组织起来，通过合作来分配资源。

有序的系统都是从无序中自然产生的，就像晶体和雪花自然排列出它们的分子结构一样。我们身处一片混沌中，细致入微、低成本、高效率的组织方法，不正是通往未来不确定世界的最

以太王国：
　　区块链开启薄组织时代

佳实践。

　　以太坊为代表的区块链为我们提供了一个沙箱，通过改变参与者的激励方式，不断创造新的模型来组织人类行为，在这个过程中会呈现出多样化的组织结构和治理智慧。很可能这个过程比过往任何时候都要来得快，因为成千上万个项目在同步进行实验，在更小的链上测试不同的想法，并将更有利的结果注入更为成熟的链中。以太坊是一个有趣的社会实验，人们正在使用有意义的方式推动以太坊和以太坊生态向前发展。

后　记

技术爆炸正在让生活越来越"科幻",在技术的基础设施尚未完成的时代都是无法想象的。短短几年,人工智能、大数据、区块链这些技术正在从各个维度融入我们的日常生活。如果说,智能技术改变未来,那么,区块链技术就像架构在智能技术底层的算法逻辑,会从根本上改变这个世界的规则。

对组织而言,区块链将带来一系列更加深刻的变化,将劳动力市场上的供需关系由雇佣进化到更广泛的开放式协作。就像以太坊那样,架构上不再拥有长期进行技术开发的公司,而是开放式地吸引数量众多的小项目和小实验在它上面进行工作。同时,人力资源从业者工具箱里曾经行之有效的东西也将过时,比如绩效考核、人才盘点、强制性培训等。区块链技术所构建的信任机制,也正在创造一个又一个的社区意识,社区的成员们基于共同的规范做出诚实的、合作的行为,一起工作变得更容易。

对个人而言,10年、20年后我们将迎来更加分散化的就业市场,跨国界、跨技能、跨领域的"小组织群"变得普遍流行,

以太王国：
　　区块链开启薄组织时代

我们可以选择加入"薄组织"式的企业，或建立团队，或单打独斗，在智能合约的基础上以更加灵活的方式工作和获得报酬。开放透明的协作网络会使所有的参与者朝着一个共同目标而工作——网络的增长和 Token 的增值。当一切应用都变成代码的时候，或许每个人都将变成一家公司，每个人都可以拥有自己的数字货币：多么酷的一件事！

以太坊的实验还在如火如荼地进行中，我们也会持续地观察和跟进，同时也会寻找更多的发展中的"薄组织"结构。面对不确定的、模糊的未来，我们努力地寻找趋势的轨迹，并将日常的观察和分析记录在微信公众号"区块链人才投行"中，区块链人才投行，投资的不再是公司，而是人，以及人组成的"薄组织"，也期待"薄组织"的下一本书早日与读者会面。

刘泽琦

2019 年 9 月于北京